KB091830

만다라 현현의 법

만다라 현현의 법

초판 1쇄 인쇄 2018년 07월 20일
초판 1쇄 발행 2018년 07월 30일

지은이 무동금강無動金剛 오택균
펴낸이 김양수
표지 본문 디자인 곽세진   **교정교열** 박순옥

펴낸곳 도서출판 맑은샘   **출판등록** 제2012-000035
주소 (우 10387) 경기도 고양시 일산서구 중앙로 1456(주엽동) 서현프라자 604호
대표전화 031.906.5006   **팩스** 031.906.5079
이메일 okbook1234@naver.com   **홈페이지** www.booksam.kr

ISBN 979-11-5778-327-4 (03150)

*이 책의 국립중앙도서관 출판시도서목록은 서지정보유통지원시스템 홈페이지(http://seoji.
nl.go.kr)와 국가자료공동목록시스템(http://www.nl.go.kr/kolisnet)에서 이용하실 수 있습니다.
(CIP제어번호 : CIP2018022970)

목 차

3. 심법의 장 - 네오부디즘, 수행의 기준점

4. 반야의 장 - 네오부디즘, 삼매 속의 바보와 무능력한 달변가

만다라 현현의 법에 대하여

번뇌에 지쳐 수행에 입문하는 사람들은 깨달음을 향해 마음을 낸다. 수행을 '불교적 자기성찰, 혹은 마음과 몸을 닦는 일체의 행위'라고 정의를 내린다면 중국, 일본, 한국, 동남아시아 및 인도에서 수행의 개념, 수행의 절차, 수행의 지향점에 불교가 미친 영향은 심히 크다고 할 것이다.

한국만 하더라도 수행이라 하면 바로 선불교의 수행인 '참선'을 생각하고, 수행의 목적이라 하면 깨달음을 연상하듯, 수행의 시작과 끝은 불교적 감성과 개념으로 채워져 있다.

그러나 불교가 소수 스님들만의 엘리트 수행체계에서 민간 대중에게 퍼지면서 업보설, 윤회설, 열반 및 해탈에 대한 개념들이 아무런 고찰 없이 '그렇다더라'는 정도로 받아들여지게 되었다. 석가모니의 사후 2천 년 넘는 시간 동안 깨달음에 대한 생각, 윤회에 대한 생각, 업보에 대한 생각들이 한 사람 한 사람 수천수만의 자칭 '고승'과 '학승', 불교 수행자들에 의해 덧붙여졌다.

이러한 불교 문화권—실로 광대하게도 한국, 중국, 일본 및 동남아시아 전체 그리고 인도대륙 포함—에서는 수행은 곧 불교 혹은 불교의 영향을 받은 도가의 행법으로 여겨진 것이다. 이 문화권에서는 번뇌에 지치면 서구와 같이 번뇌를 잊어버리기 위해 그냥 쉬는 것보다, 깨달음으로 질주하는 방법이 제시되어 수많은 사람들이 수행에 입문하게 되었다.

번뇌에 지쳐 깨달음에 도달만 하면 지금의 번뇌는 없어질 것이라 여겨 수행에 맹렬히 도전하는 모습들이 처음 수행에 발을 들여놓는 분들의 모습이다. 불교적 개념과 불교적 감성으로 시작을 하였으나 자신이 출발한 시작점이 석가모니 사후 2천년 동안 다른 이들이 계속 덧붙여 놓은 생각, 상상의 관념들이었다면 수행의 결실은 맺기 어려운 것이다.

본서 '만다라 현현의 법'은 불교적 감성, 불교적 개념의 '불교적'을 빼버리고 불교의 가르침을 제대로 밝힌 책이다. '네오부디즘'이라고 해도 괜찮다. 따라서 '진아'나 '깨달음'을 추구하는 수행자들에게나 불교에 몸을 담은 분들에게는 환영받지 못할 책일 수 있다. 그러나 자기 스스로 진리를 찾으려는 진정한 불자라면 이 책을 통하여 관념의 해체를 겪는 자유를 느끼리라 본다.

　이 책을 통하여 불교에 매이게 한 2천년 묵은 관념의 족쇄를 끊어낼 것이고, 이 책을 통하여 불교가 가르친 자유를 얻을 것이다.

　본서는 인간 자체가 조화로움을 드러낸 만다라라는 것을 밝히기에 '만다라 현현의 법'이라 명명했다. 광대한 만다라를 이 한 몸에 구족하기에, 이 우주가 무거워지는 만큼 나의 마음의 무게도 역시 무거워지고 있어 무한한 복덕을 구족하고 있음을 말한다. 인과응보설은 인간을 성숙시키는 것이며, 윤회설은 법륜의 바퀴라는 것을 증명한다. 그리고 실제로 인간을 성숙시켜 이 한 몸에 우주를 담길 수 있게 고안된 '밀교 수행'을 후반부에 수록한다. 본서 이전에 《무동 번뇌를 자르다》와 《밀교 명상의 법》을 통해 수행의 기본과 수행의 실제에 대해 밝혀놓았다면, 본서는 고층차 수행으로 가기 위해서 반드시 짚고 넘어가야 하는 '불교적' 관념을 깨는 역할을 한다.

　파사현정이라는 말이 있다. 삿됨을 깨면 바름이 드러난다는 말이다. 이 책은 파사에 목적이 있다. 바른 것은 삿됨이 깨어지면 드러나나, 실질적인 수행의 방법을 제시할 필요가 있어 밀법 수행을 후반부에 수록한다. 그보다 한층 고차적이고 안전한 수행법이 있으니 그것은 회로 수행이라는 좌공부가 있으나 본서 이전의 《무동 번뇌를 자르다》와 《밀교 명상의 법》에 일부 수록했기에 본서는 불교와 직접 관계된 것을 위주로 실어본다.

2018년 7월
무동금강

윤회와 연기의 장

- 네오부디즘, 불법의 새로운 이해

◇

◇

이 장은 윤회를 죄업으로 서로 지지고 볶는 것으로 국한하여 이해하는 세간의 인식을 깨는 것에 목적이 있다. 인간의 삶 자체를 죄 지어서 태어나서 그 결과로서의 삶이 펼쳐졌다고 보는 것은 인간의 삶에 희망을 주지 않는다. 악한 일에 경계를 주고 착한 일을 장려해야 한다는 의미로 '인연법'이 '업보설'로 바뀌고, 수행심을 드높여야 한다는 의도로 '연기의 윤회'가 '우암(어리석음과 어두움)의 윤회'로 해석이 바뀌었다. 고대에는 업보설과 우암의 윤회설이 고대 사회의 윤리 정립에 큰 역할을 했으나, 수행자들조차도 업보설과 우암의 윤회설에서 스스로 벗어나지 못하여 이 세상을 등져야만 수행이 익어간다고 착각하게 되었다.

본장은 윤회와 연기법에 대한 인식을 흔들게 된다.

14무기 그리고 연기의 법

석가모니께서는 14가지 질문에 대해서는 답변을 거부하셨다. 그것을 14무기라고 한다.

다음은 사후세계에 대한 질문들이다. 그 중 몇 개의 질문을 가져 왔다.

11. 여래사후유(如來死後有)·여래유사후(如來有後死)·여래종(如來終): 여래는 육체가 죽은 후에도 존재한다.

12. 여래사후무(如來死後無)·무후사(無後死)·여래부종(如來不終): 여래 는 육체가 죽은 후에는 존재하지 않는다.

13. 여래사후유무(如來死後有無)·유무후사(有無後死)·여래종부종(如 來終不終): 여래는 육체가 죽은 후에는 존재하기도 하고 존재하지 않기

도 한다.

14. 여래사후비유비무(如來死後非有非無)·비유비무후사(非有非無後死)·여래역비종역비부종(如來亦非終亦非不終): 여래는 육체가 죽은 후에는 존재하는 것도 아니고 존재하지 않는 것도 아니다.

질문에 답변을 안 하였기에 참 다행이다. 만약 답변하였다면 지식인들과 철학가들, 명상가들이 온갖 첨삭을 다하여 내용을 과장하고 부풀렸을 것이다. 석존께서 위 질문에 답변을 안 하신 것은 만약 "그렇다, 다르다, 아니다"라고 답변을 하시게 되면 중생들의 인식이 고착화되기 때문이다.

2천5백 년이 지난 지금 시점에서는 위 질문에 어느 정도 답변이 가능하다. 왜냐면 2천5백 년이 지난 이 시점에서는 답변을 할 때 훨씬 정교한 언어구사와 다양한 조건들을 답변에 부가하면 어느 정도 중생들의 인식이 고착화되는 것을 방지할 수 있기 때문이다.

저열한 근기를 가진 하근기들은 진리를 쥐어주면 진리조차도 스스로를 구속하는 제약으로 만들어버린다. 진리는 예수님께서 말씀하신 것처럼 스스로를 자유롭게 해야 하나, 진리조차도 진리라는 명제로 스스로를 가둬버리는 요소가 되어 버린다.

14무기의 위 질문에 어느 하나에 고착화되어 버리면 석가모니께서는 해탈에 들어갈 수 없다고 하였다.

'부처님은 윤회의 사슬을 끊었다.'라는 명제에 대해 나는 꼭 그렇지만은 않다고 말씀드렸다. 내가 말하는 윤회는 죄업을 받아 지지고 볶고 서로 갚고 서로 갚음을 당해야 하는 윤회의 통상적인 의미에 더 부가하여 '연기의 법'으로서의 윤회를 일컬음이다.

서로가 서로의 원인이 되고 결과가 되어 흐르는 인연의 법이 윤회인 것인데, 이러한 원래의 의미에 죄업으로 서로가 서로에게 갚고 갚음을 당한다는 의미를 더한 것이 통상적인 의미의 '윤회'인 것이다. 그래서 윤회를 한다고 하면 마치 큰 일인 것처럼 여기나, 석가모니의 연기법을 잘 살펴보면 윤회는 연기적인 흐름이고 단지 그 과정에서 무지로 인해 집착을 하고 그 집착이 고통을 낳는 것을 의미하는 것이다.

석가모니께서 말씀하신 윤회는 '연기의 법'에 의한 것이며, 연기법은 '이것이 있으면 저것이 있다.'는 법이다. 불교가 창조설을 부인하는 것은 창조자의 말씀 하나만으로 모든 게 창조되는 게 아니라, 모든 것이 서로 엮여 있기 때문이다.

맞는 말씀이다.

그러나 불교인들이(저자 역시 불교도이다.) 자주 범하는 오류는 연기법 이외에 다른 생각을 못하는 인식적 마비에 있다. 가령 연기적 입장에서 '너는 어떻게 태어났느냐'고 물어보면 답변이 해괴하다.

'어머니와 아버지를 부모로 해서 나왔다'가 아닌 '어머니와 아버지 및 모든 존재와의 상호관여로 인해서 연기적으로 태어났다.'라는 답변이 나온다. 똑똑한 바보의 답변이다.

연기적으로 태어난 것이 맞으나, 어머니 아버지가 서로 화합해 태어났다는 말을 쉽게 말하지 못한다.

쉽게 말하면 실험실에서 새로운 약물을 만든 것을 '만들었다'고 말하지 못하고 '연기적으로 만들어졌다'라고 한번 꼬아서 말하는 것이다.

창조설의 오류는 아무런 연기적 조건 없이 말씀 하나만으로 창조되었다는 것이며, 연기법을 극단적으로 펼칠 때의 오류는 창조로 보이는 주된 원인보다는 모든 원인이 다 엮였다고 말하는 것이다.

(엄밀히 말하면 창조는 없다. 잠재태가 구현태로 구현된 것이며, 없어 보이는 게 눈에 보이는 것이며, 보이지 않는 에너지가 눈에 보이는 것으로 보여지는 것이다. 그러나 '창조'로 보이는 시점은 분명 있다.)

이 창조로 보이는 시점이 있음에도 그것을 무시하고 그냥 연기법만 말하는 것과, 연기법을 무시하고 제 1원인을 우주 존재의 말씀 하나만으로 모든 제 1원인을 거기에다 소급해 버리는 창조론은 둘 다 틀린 것이다.

윤회 이야기로 다시 들어오면 윤회는 연기적 조건이 계속 이어지는 하나의 과정이다.

즉 촛불이 타고 있는데, 그 촛불이 1시간 전의 촛불과 동일한지 물어보면 동일하다고 한다. 맞는 말이지만, 좀 더 상세히 고찰하면 완전히 같지는 않다. 같지만 다른 이러한 연기의 흐름이 '윤회'이다.

보통 죄업을 받아 생사윤회의 고통에서 돌고 돈다고 이해하지만, 만물의 법은 연기의 법이라고 이해하면 깨달은 자의 오온(불교에서 말하는 미세한 극미립의 에너지)은 연기의 흐름으로 윤회를 한다.

부처님이 생로병사의 고통을 보시고 출가할 결심을 하고, 깨닫고 나서 생로병사에 대한 해법을 알았다고 선언하셨다. 그분이 생로병사의 고통을 보시고 깨닫고 나서 생로병사에 대한 답을 제시한 것이 '연기의 법'이다. 인연법에 의해 무지로 인한 결과가 12단계를 거쳐 고통을 낳는다는 것을 말하신 것이다. 연기법으로 조견한 결과 생로병사의 현상이 일으키는 마음의 '고통'을 끊은 것이지 생로병사 자체를 끊은 것은 아니다. 왜냐하면 부처님께서도 그분의 육신을 구성하는 '연기적 화합'에 순응하셔서 노쇠하여 돌아가신 것이다.

생로병사에 대해 집착하고 괴로워하는 마음을 끊으신 것이고, 대자유를 얻었다고 선포하신 것은 고통을 일으키는 12연기의 제 1원인인 '무명'을 타파하셨기에 마음에 걸림이 없었다고 하신 것이다.

그분의 육신은 이미 연기의 법에 있기에 자연스러운 이 '다르마'의 흐름에 순응한 것이다.

석가모니께서 불계(佛界)에 계시다거나, 색구경천(色究竟天)에 계시다거나, 어디 높은 차원에 계시다거나, 그렇게 이해할 때 연기법에 거스르게 된다. 그분의 미세한 오온조차도 어디엔가 그 인연에 맞게 간 것이다.

누군가가 사망해서 매장되어 썩으면 초목이 그 매장되어 썩은 시체의 양분을 먹고 자라고, 그 초목의 과일이나 잎이 나중에 누군가의 입에 들어와 그 사람을 구성하는 것처럼….

석가모니의 미세한 오온은 다르마로 흐르는 것이며, 어디 고정된 불계에 있다, 중생에게 응하고 있어서 윤회를 절대 안한다, 혹은 어떠한 에너지 대사도 하지 않은 채 그냥 정지된 상태로 중생구제만 하신다…, 이렇게 말하는 것은 그분이 말한 연기법에 어긋나게 된다.

특히 불자들이 오류에 빠지기 쉬운 것은 다음 명제이다.

"부처님은 윤회를 끊었다."

"윤회를 끊어서 불계에 계셔서 중생 구제 하신다."

"중생 구제만 하고 어떠한 대사도 하지 않고 오로지 불계에만 계신다."

"불계에 계시면서 서원을 발해 응하기만 하신다, 윤회에서 벗어나 계신다."

이러한 오류에 있다. 죄업으로 돌고 도는 윤회를 끊은 것은 맞으나, 그것은 무명에 빠지지 않는다는 의미인 것이고, 미세한 오온은 연기적 흐름에 있어 대사하고 있으며, 대사하는 흐름이 있기에 윤회의 흐름 즉 다르마로서 계신 것이다.

연기법은 죄업이 없을 때 그냥 흐름인 것이고 그 거대한 흐름을 다르마 즉 법이라고 하는 것이다.

보살이 수행을 하여 수행의 인연을 성숙시켜 불과를 얻을 수 있는 것은 원인이 있으면 결과가 있다는 연기법이 있기 때문이며, 중생이 원한과 집착이 있어 고통을 받는 것도 역시 원인이 있으면 결과가 있다는 연기법이 있기 때문이다.

덧없음의 실재함, 실재함의 공성

보통 꿈은 깨어나는 자와 잠자는 자가 구분되어 있습니다. 즉 주시자와 주시당하는 자가 구분되어 있습니다.

저는 공성이라는 것은 공한 성품으로 이해하지 현실계와 구분되는 공의 세계를 인정하지 않습니다. 주시자를 상정하는 것은 어떤 측면에서 공의 세계와 그와 반대되는 상대계가 있다는 의미입니다. 주시자는 공의 세계(진제, 진짜의 세계)에 거주하고 있고, 주시당하는 자는 유한계(물질계)에 있다는 가정에서 주시자가 존재하는 것입니다.

공성은 말 그대로 공한 성품으로만 이해하고 있습니다. 만물은 인연에 의해 이합집산하기에 거기에 독자성이 없다는 의미로 공이라는 단어를 쓰는 것입니다. 만물이 서로 인연법에 의해 나투어지기에 고정된 실체가 없다는 의미로 공함을 말합니다. 따라서 없다는 의미의 없을 무(無)를 쓰지는 않습니다. 없다는 것도 아니고 있다는 것도 아니기 때문입니다.

현실은 이 공한 성품이 그림자처럼 비추어진 것이라고 봅니다. 공한 성품은 따로 있지 않습니다. 빛이 밝음이라고 보이는 것은 주변 사물이 또렷이 빛날 때 빛이 있다고 보는 것이지, 빛을 실제로는 볼 수 없습니다. 그래서 공성은 실제로는 없으며 현실로서 알 수 있는 그림자와 같은 것으로 봅니다. 서로 집착할 것이 없는 성품이 만물에 머금어져 있기에, 그 성품이 물질계를 비롯한 전 우주에 머금어져 있기에 서로 인연되고 인연이 되어 끝없이 펼쳐지는 우주 삼라만상이 펼쳐집니다.

숫자 0이 아무 것도 없음을 뜻하지만 실체화해서 숫자로 표기하듯 공함은 절대, 진리, 절대적 청정함으로도 말하지만, 실은 그러한 단어들이 아닙니다.

그렇기 때문에 주시자를 설정하여 꿈에서 스스로를 보는 수행을 한다거나, 스스로를 끊임없이 관찰하는 것은 공성계(?)와 현실계를 구분 짓고, 진제와 속제를 구분하는 것에서 비롯된 수행입니다. 이분법적 개념에서 시작한 수행이라서 일정한 경지까지는 가더라도 올바른 견해에서 시작한 수행이 아니기에 그 한계점이 드러나는 것입니다.

위의 내용은 회원님에게 보내드린 카톡이다.

불교에서도 헛되다 혹은 무상하다, 덧없다, 번갯불같이 이슬처럼 덧없는 것이 사바세계라는 말을 한다. 힌두교에서도 마야이다, 거대한 꿈이다, 혹은 환상이다라는 말을 하는 것으로 안다.

불교에서 덧없다고 할 때는 무상하다는 것이고, 이는 모든 것이 인연으로 연결되고 인연이 흩어지면 스러지는 것이기에 집착할 것이 없다는 것이다.

즉 사바세계는 꿈이다, 환상이다, 만물은 브라흐마가 꿈꾸는 환상의 세계라는 힌두교의 개념은 아니다. 모든 것이 연관되었기 때문에 어느 한 곳에 집착할 것이 없어 덧없다는 것과 덧없기 때문에 집착할 것이 없다는 것의 차이이다.

미묘한 어감차이인데, 여기서 수행의 지향점이 확연히 벌어진다.

어떻게 보면 집착하기에 덧없는 것이지 반대로 덧없기 때문에 집착할 필요가 없다는 것은 아니다.

덧없기 때문에 집착할 필요가 없다는 것은 영성계와 수행계에서 석가모니께서 내주신 결론을 받아쓰기한 것일 뿐.

석가모니께서 의도하신 진짜 의도는 집착하는 중생심이 부질없고 덧없고 무상하다는 것을 말하기 위함이다.

그러한 중생심을 깨는 바즈라의 힘은 연기의 법으로 인해 만물이 서로 엮이고 다시 흩어지고 모이는 그러한 이합집산이 과거에도 현재에도 미래에도 영원한 '법' 다르마로서 존재하기에 석가모니불의 법문으로 만물이 시들고 다시 피어나고 생장하고 다시 시드는 연기의 과정을 드러내었다.

덧없기에, 꿈이기에 집착할 필요가 없을까?

아니면 집착하는 것을 보시고서 석가모니께서는 그것을 덧없다고 한 것일까?

연기(緣起)의 공성(空性)에서는 일체의 집착이 더럽고 환상이고 마야이고 원래는 없는 것이 아니다. 일체의 집착이 연기법의 철저한 지켜짐으로 드러나는 것이며 집착이 시들고 다시 모이는 그러한 과정에서 덧없음의 공성이 드러나는 것이다.

◇

◇

깨달음은 존재의 끝인가?

부처님께서는 무지함으로 윤회하지 않으신다는 말씀은, 무지함에 기인하는 중생들과 같은 차원의 윤회를 하지는 않는다는 말씀인지요?

질문자가 말한 '부처님'이라는 단어에 이미 '윤회를 끊은 자'라는 관념이 들어가 있어서 생각을 제한하게 되어 있습니다.

사람은 죽는다, 소크라테스는 사람이다, 소크라테스도 죽는다의 삼단논법의 경우처럼 '부처님은 윤회를 끊은 자인데, 윤회를 한다고 하니 이상하네'라고 생각하실 수 있습니다. 그러나 이미 단어에 결론이 포함되어 생각을 제한합니다.

석가모니는 '연기법'을 깨달으셨다고 합니다. 그것이 깨달음의 내용입니다. 연기되는 것, 인연되는 것은 부처님이라고 해서 피하는 게 아닙니다. 다르마입니다. 육신과 정신체는 전부 인연의 흐름에 의해 다시 이합집산 하여 '유전(流轉)'하는 것인데, 부처님이라고 해서 만물이 유전하는 것에서 피한다? 그것은 고통에 힘겨운 중생이 '깨달으면 만사가 편하겠지'라는 환상이 빚어낸 것입니다.

누군가를 만나러 가는 마음에도 '누군가를 죽이러 가는 마음'과 '누군가와 즐거운 대화를 하러 가는 마음'과 '누군가와 도에 관한 이야기를 하려고 가는 마음' 등이 천차만별로 나누어져 있습니다.

윤회하는 것은 똑같은 현상이나, 부처는 법륜이라고 하고, 중생은 어둠이라고 할 뿐입니다.

서원에 의해 윤회를 합니다. 그러나 모습은 똑같습니다. 똑같은 모습으로 윤회를 합니다.

윤회라는 말이 돌고 도는 쳇바퀴라는 말이라서 부정적 느낌부터 줍니다. 엄밀히 말하면 그 말을 듣는 사람이 느끼는 자기 관념의 투사입니다. 내게는 윤회라는 말이 그렇게 나쁘게는 안 다가옵니다.

하나를 체득하기 위해 모든 것을 봉인합니다. 깨달음조차도. 그 하나를 얻으면 본유의 측면에서는 중생구제의 방편 하나를 증득하는 것이기에 윤회의 다른 이름은 법륜입니다.

깨달음이라는 것은 어리석음에 빠지지 않는다는 것일 뿐, 광대한 방편지력을 구축하는 것은 모든 불보살님들이 행하는 것입니다. 석가모니 시대 이후 2천5백 년이 지난 이 시점에서 과거와는 비교도 할 수 없을 정도로 중생들의 번뇌는 다종다양해졌습니다. 이 번뇌에 대치하기 위해 방편의 힘을 지금도 구족하고 있습니다.

깨달음은 존재의 결승점이 아닙니다. 존재는 존재하기에 존재인 것이지, 깨닫기 위해 질주하지 않습니다.

그러나 많은 이들은 석가모니의 위없는 깨달음에 대해서 존경함을 넘어서 존재 자체도 깨달음을 위해 질주하는 것으로 착각합니다. 이 지구가 너무 힘들어서 그렇습니다.

깨달음은 존재의 또 다른 시작점입니다.

이미 연기법(인연법)에는 존재는 깨달음과 상관없이 '유전(흐르고 있음)'하고 있다는 것을 내포하고 있습니다.

수레바퀴가 죄를 부어서 돌아간다면

인연법에 의해 오온의 생멸이 돌아가는 것인데, 인연법에 의해 수명이 다하여 석가모니께서도 다르마의 흐름(인연법의 흐름)으로 들어가신 것입니다. (열반)

마음의 찰나찰나 변하는 그 과정이 인연화합의 결과인데, 마음 한순간 평안한 상태 하나만 집어 그 상태에 머물고자함은 '집착'인 것이다. 부처님께서 설하신 고의 시작입니다.

인연법은 다르마이며 벗어날 수 없는 것입니다. 바꿔 말하면 아예 다시는 안 태어나겠다고 해도 어디인가에 나의 오온은 흐르고 있을 뿐입니다.

죄를 부어서 돌아가는 물레방아가 있을 터이고,
수행의 힘으로 돌아가는 물레방아가 있을 것입니다.

죄를 부어서 업보를 받고 다시 그 업보의 환경에서 벗어나지 못하고
다시 죄를 부어 돌아가는 물레방아, 그것을 윤회라고 합니다. (세간에서
보는 업보에 의한 윤회, 지지고 볶아 서로 갚고 서로 값을 치르는 윤회)
그러나 다르마에 의한 윤회는 보리심과 수행력으로 돌아가는 물레방
아입니다.

윤회를 다시 태어나는 것에만 집중한다면 법에 의한 윤회도 있으니
이 법의 바퀴에서는 윤회를 탈출할 수 없다고 말합니다.

연기법 자체가 '끊는다' '벗어난다'를 언급할 수는 없는 것입니다.
왜냐하면 연기법은 서로 모든 게 인연되어져 있다는 말인데, 끊는다
는 것은 연기법을 무시한 제1원인을 상정하는 것이기에 그렇습니다.

죄를 부어서 돌아가는 윤회인지, 법으로 돌아가는 윤회인지 그 차이
만 있을 뿐이랍니다.

윤회에서 탈출할 수 없습니다

윤회를 벗어날 수 있냐는 질문에 벗어날 수 없다고 하였다.

석가모니께서 생로병사의 현상을 보시고 생로병사의 사슬을 끊고자 출가를 하였으나, 생로병사 자체를 없애는 것보다 만물이 계속해서 변화하고 인연에 의해 이합집산을 한다는 연기법을 깨닫고 모든 고통의 근원은 '집착심'에 있음을 알고 생로병사의 사슬을 끊었음을 선포하였다.

생로병사는 하나의 현상이다. 물이 높은 곳에서 아래로 흐르는 것이 자연스러운 것이며, 생로병사는 인연법에 의한 자연스러운 것일진대, 이것에 집착하니 괴로움이 생기는 것이다.

윤회 역시 그러하다. 인연의 법과 12연기에 의해 그저 굴러가는 현상인데, 이에서 벗어날 수는 없다.

고통에 의한 윤회는 멈출 수 있다. 자각 없이 끌려가는 윤회로 생사 전변하는 것이 중생이 인연법에 끌려가는 현상이라면, 보살은 서원을 세우고 이 서원에 의해 인연법으로 윤회하여 법의 바퀴를 굴리게 된다.

인연법은 곧 다르마, 법(法)이기에 법에 의한 윤회를 모든 중생들은 하는 것이며 중생은 이를 고통으로 인지하고 끊으려고 하고 탈출하려 몸부림치게 된다.

불보살들 역시 다르마에 의해 윤회를 하나 이는 고통에 의한 윤회가 아니며 법에 의한 윤회이다.

윤회를 끊었다고 함은 고통으로 움직이는 마음을 끊었다는 것이다.

불자들이 습관적으로 외우고, 공(空)담론을 궁극의 깨달음으로 여기는 이들이 하나의 경지로 여기는 '반야심경'에서는 불생불멸, 불구부정, 부증불감이라 하였다.
나지도 죽지도 않고, 더럽지도 깨끗하지도 않으며, 늘어나지도 줄지도 않은 그것을 공이라 한다.

하나의 씨앗이 발아하여 과일이 되고 그 과일이 떨어짐을, 인간을 생로병사의 하나의 사이클로 보나 인과의 법으로 보면 과일은 인간에 의해 섭취되어 때로는 방귀가 되고 소변이 되고 때로는 인간의 살이 되며…. 다시 그 인간이 생이 다하면 사라지는 게 아니라 다른 식물과 동물을 통해 다른 인간의 음식이 된다.

따라서 인간의 생이 다하고 이 우주가 다할 때도 그 에너지의 총합은 유지된다.

그저 모습만 바뀔 뿐….

그리고 이 우주가 태어나고 유지되고 쇠락하고 멸망하더라도 그 에너지는 사라지지 않는다.

이 우주에는 소멸이 없으며 모습만 바뀌고 에너지의 형태만 달라지는 것이다.

따라서 나지도 죽지도 더럽지도 깨끗하지도 않으며 늘어나지도 않고 줄지도 아니한다.

이 현상 자체를 '법'이라 하며 법에 의한 운행이기에 이 우주를 '법계'라고 한다. 법에 의해 흐르지만, 그 흐름에서 탈출하고자 해도 그 흐름 안에 있다.

중생은 윤회로부터 탈출을 꿈꾸기에 다른 어떤 고차원을 상정하고 거기에 머무름을 원하고, 어떤 이상점을 설정하고, (예를 들면 부처가 되기를 원한다거나 하는 식으로) 거기에 도달하려고 한다.

그러나 탈출은 불가하다.

왜냐면 존재 자체가 '법'으로 만들어졌기 때문이다.

불보살은 이 윤회계를 법계로 여기고 수행처로 여기는 것이 중생들과 다르다.

내가 어디로 가고자 함, 내가 고통스러워서 어떤 다른 계로 나가고자 함은 곧 중생심이 있다는 것이며, 일시적으로 다른 차원 높은 계로 전이하더라도 중생심에 의한 과보로 태어나는 것이다.

이것을 윤회라고 하는 것이다.

보살에게는 어디로 가고자 함이 없으며, 고통을 느끼기도 하지만 그것이 전부가 아님을 안다.

어디로 가고자 함도 없고 어디로 가야한다는 생각도 없다.

일상이 수행처이고, 일상이 보살도를 구현하는 자리이기에 어디로 오는 바가 없으며 또한 어디로 가야 한다는 마음이 없기 때문이다.

불자들이 독경하는 금강경에 이미 그러한 의미가 있다.

(須菩提 若有人言 如來若來若去若坐若臥 是人 不解我所說義 何以故 如來者無所從來 亦無所去 故名如來)

수보리야, 만약 어떤 사람이 여래가 오고 가고 앉고 눕는다고 할 때는 이는 내 말을 이해하지 못함이리라. 여래는 오지도 않고 가지도 않기에 이를 여래라고 함이니라.

◇

◇

무아체험을 집착하는 자에게

모든 것은 인연에 의해 변화한다. 그것이 석가의 핵심교설 중 하나인 연기법이다. 사과를 예를 들어 보자.

하나의 사과를 말하기 위해서는 수많은 개념들이 동원되어야 한다.

한 사과를 가리켜 사과라고 말할 수 있는 것은 '배'가 있고 '귤'이 있고 '감'이 있기에 이와 구분되는 사과라는 이름이 존재할 수 있는 것이다. 인식적으로 사과는 독자성이 없는 것이다.

독자성이 없기에 사과 '고유'의 '실체'가 없고 이를 '공하다'라고 말하는 것이지 사과가 없다와 있다의 문제는 아니다.

제법무아의 뜻은 모든 것은 인연에 의해 이루어지고 흩어지고 다시 이루어지는 중중무진(무한히 겹쳐짐의 인연 고리)으로 전개되어갈 뿐, 어느 하나만 특정해서 그 제1원인으로 말하기 어렵다는 것이다.

제법무아를 '내'가 없다는 것으로 이해하여 무아체험을 추구하는 것은 외도(外道)이자 사도(邪道)의 견해, 즉 힌두의 견해이다. 무아체험이라는 것은 내가 없어진다는 경지인데, 이는 특정 삼매 속에서 이루어지는 것이 아니며 중도실상을 바로 보면 집착할 것이 없다는 것이다. 무아를 체험한다는 것은 엄밀히 말해 나를 잠깐 망각하고 어디 양지바른 곳에다가 던져놓는 것이다. 깨어나면 던져놓은 자아의 껍질을 주섬주섬 챙겨 입는다.

석가께서도 비상비비상처와 같은 극미묘한 의식을 체험하고 나서도 명상에서 깨어나면 다시 번뇌를 하는 중생임을 아시고 최후의 삼매로 진입하신 것이다. 무아체험을 특정한 삼매 속에서 얻어지는 체험으로 이해할 때에 나는 사라지는 체험에 집착한다. 엄밀히 말하면 나는 사라지지 않고 나를 망각하는 것을 내가 사라진다고 여기는 것이다. 나는 인연법에 의해 심종자가 폭포수처럼 흘러 그것이 교차하여 부상된 스크린이고 그 스크린을 나라고 여기는 것이지만, 그것은 허상이 아니다. 인연법에 의하면 집착할 것이 없다는 것이지 그것을 존재론적으로 이해하여 나는 없다는 것으로 이해한다.

자아를 허상으로 이해할 때에 육사외도의 원자론과 유사한 견해에 떨어진다.

육사외도는 석가모니 당시의 6가지 학파다. 모든 것은 원자로 이루어져, 그 원자 사이로 칼이 지나가면 원자와 원자 사이에 칼이 지나가는 것일 뿐, 그것은 선업이나 악업이 될 수 없다고 주장한다. 현대의 원자론, 그리고 고대 그리스의 데모크리토스의 원자론과 유사한 것이다. 고대 인도에서도 원자론이 있었다. 내가 없다고 하면, 악한 행위가 나쁜 결과로 맺지 않으며, 선한 행위도 결실을 맺지 않기에 수행을 해도 깨달을 수 없다는 결론에 도달한다.

사실 나는 없다는 체험을 하는 것은 불가능하다. 그것은 나를 망각하는 체험이지 나는 없다는 체험은 곧 존재의 완전한 소멸을 뜻한다. 그럼에도 '체험하는 나'는 내가 없다는 체험을 한다는 논리적 모순을 불교의 선종에서는 주장한다.

인도의 유식학적 입장, 유가탄트라의 입장에서는 인연법으로 이루어진 그리고 조건 된 나는 그 조건들을 대체하고 그 흐름을 바꾸기만 하여도 불보살의 지혜광명을 이룬다고 하고 있다. 그것은 모든 중생은 인연법에 의해 중생의 업의 바퀴를 굴리고 있고 불보살은 인연법에 의해 법의 바퀴를 굴리기 때문이다.

제법무아는 사실 내가 없다는 선언이 아니다. 그렇게 이해할 때에 나라는 존재는 존재의 비애, 스스로를 지워야 하는 존재의 비애로 이해될 뿐이다. 자신의 존재성을 화두 같은 의식의 집중을 통해 던져버리고 대패같이 밀고 불도저 같은 것으로 밀어버리는 것이고 이를 무아를 깨달았다고 하는 것이다.

사실 무아라는 것을 체험하였다 하여도 자신이라는 존재는 인연법에 의해 수많은 심종자가 교차되어 부상된 것이기에 선종에서 말하는 무아를 깨달았다는 것으로 인해 이미 자신이 행해온 카르마가 바로 사라지는 것이 아니다.

영성계의 주된 흐름이 힌두의 법, 즉 자아의 망각, 자아 내려놓기, 삼매 속에서 무아 체험하기 등등이 주류이고 이 배경에는 불교가 무아를 주장했기 때문에 이것이 바른 법이라고 하고 있다.

그러나 집착하지 않음을 곧 무아성(無我性)이라 말하는 것이지 무아(無我)라는 고정된 실체가 있는 것이 아니다. (성품 성(性) 한자를 뒤에 붙인 것이 의미가 있으니 음미하시길 바란다.)

이미 수행계 및 영성계에서는 무아라고 하는 고정된 실체가 고착화되어 무아를 추구하고 진아를 추구하고 있다.
석가모니 부처님 입멸 후 저열한 근기를 가진 자들이 제법무아를 오히려 무아라는 '고정된 실체'로 이해하여 수많은 논쟁을 일으키고 죄악을 범했다.

예를 들어 자아가 무아이면 카르마고 어떤 일을 하여도 카르마는 본래 없는 것이라는 것을 말하고 다니는 것이다. 이는 육사외도의 원자설과 똑같다. 인간은 원자로 이루어졌고, 칼도 원자로 이루어졌으니 칼이 인간의 목을 치면 원자와 원자 사이를 지나갈 뿐이라는 결론과 같은 것이다.

영성계 대부분의 사람들이 이 무아체험을 원한다. 더 깊은 무아체험을 보장하는 수행법을 찾아서 네이버 카페, 다음 카페, 여러 영성 사이트에 가입을 하고 한번 해보고, 좀 고뇌스러운 일이 있으면 다른 수행법을 찾아서 한 번 더 해본다. 그러다가 에너지 민감도만 올라가서 일상생활이 어려운 분들을 수도 없이 보았다. 수많은 탁기와 사념에 취약한 것을 마치 자신이 맑아서 그런 것처럼 생각한다. 그러나 청정함은 맑음이 아니라 실제로는 중도실상을 바로 볼 때 얻어지는 것이다. 보살들이 번뇌의 바다에서 오염되지 않는 것은 번뇌를 두려워하지 않기 때문이다.

다르마대로 살기에
안 좋은 일을 겪는 것입니다

타 카페를 가보니 우주의 메시지를 수신해서 자연계는 일사분란하게 움직이고, 미물들은 재앙을 피해서 도망가기도 한다고 적었다. 인간은 탁해서 코앞의 재앙도 못 피한다고 말한다.

영양이 사자에게 잡아먹힐 때 우주 수신기를 쓰지 못하는 것이고, 영양이 지진이 나기 전에 불안증세를 느끼는 것은 우주 수신기를 쓰는 것이다? 앞뒤가 맞지 않는다.

생태계 자체는 그 자체로 순환이 일어나면서 항상성을 유지한다. 인간만이 재앙을 못 피하는 게 아니며 재앙이라는 것은 항상성이라는 것, 균형과 조화를 위해 일어나는 것이다. 영양이 사자에게 먹히는 것은 영양에게는 재앙이지만, 우주가 일사분란하게 움직이기 위해서는 생사의 순환이 있기에 우주가 질서 있게 움직이는 것이다.

재앙과도 같은 안 좋은 일들 역시 카르마의 해소이고 이는 역시 무거운 것을 덜어내어 균형을 잡으려고 하는 생명의 법칙과도 같은 것이다.

우주 수신기를 써서 안 좋은 일은 피하고 좋은 일만 오고⋯.

우리는 생사를 기준으로, 경제적 풍요를 기준으로, 건강을 기준으로 안 좋으면 우주 수신기를 못 써서, 좋으면 우주 수신기를 써서 그러한 일들이 발생했다고 여긴다.

다르게 말하면 안 좋으면 순리대로 못 살아서, 좋으면 순리대로 살아서라고 생각한다.

그러나 순리대로 살고, 우주수신기가 있고, 다르마대로 살기에 우리는 안 좋은 일을 겪는 것이다.

몸에 외부 균이 침범하면 면역 반응으로 열이 나고 힘들어지듯이 영혼도 무거운 것이 있으면 떨어뜨리려고 부르르 떤다. 이러한 과정이 흔히 말하는 재앙으로 보이는 일인데, 인간의 길흉으로 영혼의 길흉을 판단하는 것이 세간의 관점이다.

순리나 여의 혹은 부동의 마음 등등의 단어들을 쓸 때 인간은 나의 초라함, 가벼운 번뇌의 바람에 휩쓸리는 나의 연약한 마음과 대비하여, 순리를 흉한 것을 피하는 것으로 한정하고, 여의로움을 어수선한 마음을 떠난 것으로 한정한다.

그러나 흉한 일이 있어도 다르마의 큰 관점에서는 나를 성숙시키는 일이 될 수 있으며, 마음이 어수선해도 나중에는 흔들리지 않는 마음을 연습시키는 일이 될 수 있는 것이다.

좋은 일과 나쁜 일은 다르마의 것이다.

꽃이 떨어지고 콩이 익어가는 것을 슬퍼하는가? 콩이 동물의 먹이가 되는 것이 슬픈가? 거기에 의미를 두지 않듯 나의 슬픔도 우주적으로 의미가 없겠지만, 슬프면 슬프다고 울 것이고, 화나면 화나는 대로 화낼 것이다.

생사의 파도에 휩쓸림에 두려움이 있다면

유마경에서 천녀가 등장하여 꽃들을 뿌리는데, 대승보살에게는 꽃들이 붙지 아니하고 그냥 떨어지나, 소승의 스님들에게는 꽃들이 떨어지지 아니하고 계속 붙었습니다. 스님들이 자신들의 신통력을 다하여 떨어뜨리려고 했으나 떨어지지 아니하였습니다. 이에 천녀는 소승의 스님들은 생사에 대한 두려움이 있어 귓것[鬼物]들이 두려움을 타고 침범한다고 말하였습니다.

석가모니께서 생로병사의 고통을 목격하시고 이를 끊고자 출가하셨습니다. 석가께서 생로병사의 고통의 원인을 조견한 결과, 12연기의 흐름을 관찰하시고, 12 단계의 인연법에 의해 생로병사가 일어남을 관하셨습니다. 생로병사는 자연스러운 12연기의 과정이나 이에 고통을 느끼는 것은 제행무상, 제법무아, 일체개고의 지혜를 얻지 못하였기 때문이었습니다.

석가모니께서 불로불사의 법을 아신 것은 아니었습니다. 그분께서는 생로병사에서 고통스러운 중생에게 그 집착심을 끊고자 법을 펼치신 것입니다.

직접적으로 불로불사를 추구하는 법들이 있습니다. 수명연장의 법에서 더 나아가 양신 및 환신 성취법 등입니다. 인간의 육신을 매미껍질처럼 벗겨놓고 우화등선한다는 이야기이며, 이는 도가의 법입니다. 나로빠 육법의 환신성취이든, 도가의 양신출신이든 간에 죽음의 순간에 에너지의 몸을 성취하여 윤회의 파도에 휩쓸리지 않겠다는 것입니다.

윤회의 파도에 휩쓸리지 않는다 함은 수행자들에게는 자신의 수행력을 잃지 않으려는 마음에서 기인합니다. 처음부터 시작함에 두려움을 느낀다는 것입니다.

그렇기에 티베트밀교의 린포체들은 죽고 나서 어느 시기에 어느 땅에 태어날 테니 나를 찾아 다시 수행시켜주라는 말을 제자들에게 말하고 세상을 뜹니다. 그러면 제자들이 그 환생자들을 찾아 스님들의 유품을 벌여놓고 환생자가 정확한 물건을 선택하면 그 환생자가 린포체로 인정받는 것입니다.

수행을 세세생생에 하면 좋습니다. 그러나 보살도는 모든 것을 이루고 그것을 통해 중생제도의 방편을 구족하는 것이기에 수행이라는 한 정된 카테고리에서는 대일여래께서 나투신 우주법계의 삼라만상, 414 존의 태장계 금강보살과 1416존의 금강계 금강보살을 성취할 수 없습니다.

'영기장으로 본 티베트 밀교의 법맥 추적 -3- 닝마파와 겔룩파'[1] '잇는 것은 가능하나 나아가지 못한다.'[2] 라는 글에서처럼 생사의 흐름은 의식을 광대하게 만드는 좋은 기회이며, 법의 바퀴입니다.

12연기법은 우매한 이에게는 끝없는 인과의 엔트로피에 스스로를 함몰하는 어둠의 법이나, 숨 쉬는 것조차 인과의 법으로 기록되어가는 것이라면 이 인과의 법으로 나는 인생에서 무엇을 그려낼 것인가를 고민합니다. 스스로를 제도하면서 타인을 제도하고 있는 보살에게는 인과의 법은 법륜의 법입니다.

선택이 있습니다.

수행력을 초개와 같이 버릴 수 있음을 인지하고 생사의 흐름에 완전히 맡겨 비록 다음 생애에 범부로서 살지만, 수행자로서 이루지 못한 가정을 꾸리며 세속의 법에 통달하는 선택이 있습니다. 아니면 지금 이루어놓은 수행력을 생사의 흐름에 휩쓸리지 않게 하여 비록 의식은 그대로지만 그 한정된 의식으로 영겁을 살 수도 있습니다.

전자가 보살의 선택이며, 후자가 신선의 법입니다.

좌공부[3]의 제도 과정이 심화되면 모든 영적 에너지체들이 제도화가 되어 생사의 흐름에 공력이 파괴되지 않는다고 하였습니다.

그러나 심법(心法)의 측면에서는 좌공부의 공력도 완전히 여의(如意)에 맡겨야 합니다. 완전히 맡긴다는 것은 윤회의 흐름에 내 공력이 모조리 소실되어도 내 영혼이 원하는 것을 하겠다는 것을 말합니다.

윤회 속에서 나의 성격, 환경, 물질적 토대들이 전부 바뀌어가도 여의에 맡김이 철저함 그 자체를 보리심이라 하면, 보리심만 있다면, 윤회의 모든 흔들림이 공력으로 화할 것입니다.

백사장의 모래알이 생사의 파도에 흔들리더라도 그 흔들림이 타인을 제도하고, 나를 제도할 수 있는 공력이 된다면 아무래도 괜찮은 것입니다.

---

1) 전작 '밀교 명상의 법' 118페이지
2) 전작 '밀교 명상의 법' 121페이지
3) 전작 '무동 번뇌를 자르다' '밀교 명상의 법'에서의 좌공부 소개

천도의 ABC

영혼은 육체의 부모와는 상관이 없다고 들었습니다. 시대와 장소를 다양하게 선택하여 윤회를 하는데, 육체의 조상이 어떤 의미가 있기에 천도를 해야 하나요?

합리적인 의구심이라 본다. 시대와 장소를 다양하게 하여 윤회를 하는데, 지금 이 육체와 영혼에 조상 천도가 무슨 의미가 있기에 거액을 들여가며 천도를 하는 것일까?

영혼은 가계의 카르마를 선택하여 그 카르마에 맞는 육체와 의식을 구성하여 태어난다. 자신의 카르마에 가장 합당한 가계를 선택하게 된다. 즉 개별 영혼의 심종자가 원인이라면 가계의 카르마는 연(緣)이 되어 심종자를 개화하기 위한 조건들, 햇빛과 물과 공기가 되어 씨앗이 싹이 트듯, 개별 영혼의 카르마가 구현되게 한다.

석가모니의 경우는 인간적인 생계부터 해결된 상황에서 인간 존재의 근원에 대해 탐구하는 게 가능했다. 당장 밥을 못 먹는 상황에서 사람이 나고 죽고 늙고 병들고 고통 받는 것에 의구심을 갖는 게 가능할까? 태자로서 유복한 시절을 보냈기에 천민과 서민들이 고통 받는 모습을 보고 인간 본래의 근원적 탐구가 싹이 틀 수 있었던 것이다.

'인간은 왜 고통스러울까?'라는 고뇌가 생겨나는 것이 과(果)라면,
석가모니 어린 시절의 가정적 환경이 연(緣)이라면,
석가모니께서 적당한 시기에 구도심을 발하게 하는 그 종자가 인(因)인 것이다.

영혼은 그냥 뚝 떨어진 것이 아니다. 수많은 존재의 합이자 그 영혼도 다른 영혼에게 인으로서 작용한다.

가계의 카르마는 그 카르마를 입고서 활동하는 우리이기에 이 카르마를 정돈하는 것은 우리가 늘 하는 것이다. 우리에게 닥치는 여러 일들은 조상대부터 누적되어 온 카르마이기에 천도는 필요하다. 우리는 조상이 만든 카르마의 옷이 몸에 맞기에 그 카르마를 선택한 것이다.

어떻게 보면 조상을 공경하고, 조상을 불러서 밥을 먹여야 하는 것 이상의 '자신을 닦는 행위'가 가장 수준 높은 천도인 것이다.
천도는 자주 하면 좋다고 하는 것은 무슨 이유일까?

영혼은 수많은 체(體, body)로 이루어져 있다. 육체 – 에테르체– 아스트랄체– 멘탈체 등등의 에너지 바디로 이루어져 있다. 이 체들은 오온(불교식으로 표현한 업의 에너지를 오온이라 한다)으로 다른 오온들과 공진(共振)한다.

과거 냉전시대에 미국과 소련은 재래식 전투능력의 향상 이외에도 인간의 영적 능력을 과학으로 체계화하여 군사 능력 함양에 몰두했던 시기가 있었다. 심해 잠수함에서 새끼 토끼를 죽였는데 수천 킬로 떨어져 있는 어미 토끼의 뇌파에 반응이 있었다거나, 남자에게 스트레스를 가하면 미리 추출해 놓은 실험실의 그 남자의 정자들이 활동성이 약해진다는 결과가 있었다. 이러한 현상을 영적인 공명으로 이해한다.

이미 죽은 영혼들이라고 해도 그 영혼이 입었던 다양한 체들은 이 우주에 전변하고 있음이다.

오늘 운이 좋았다면 누군가 우리를 위해서 천도재를 했을 수 있는 것이다. 그런 면에서 천도를 하면 우리에게 좋은 일이 있다고 하는 말은 맞는데, 대체적으로 돈을 밝히는 무속인, 종교인들이 자주 하면 좋다고 하는 것 같아 부정적인 뉘앙스로 다가온다.

그렇다 하더라도 실제 천도는 자주 해주는 게 좋은 일이다.

나의 오온은 조상들의 오온과 공진하고 있으며, 이 오온의 공진을 바꾸어주는 게 천도의 궁극적인 목적이 된다.

복덕의 장

- 네오부디즘, 인간 완성의 길

◇

◇

나라는 존재를 에고라고 부르고, 체험하지 못한 가상의 자아를 '진아'라고 부른다면
내가 지금 겪는 것만 가지고는 절대로 깨닫지 못한다는 결론에 도달한다.
진아는 명상만으로 만날 수 있는 것인가?
나라는 존재는 진아인 심왕(心王)이 6개의 손을 펼쳐 만다라의 왕국으로 드러난 것이다.
본장에서는 인간 현존 자체는 이미 마음의 만다라가 결집된 존재이고, 삶 자체가 복덕
자량을 구비하는 보살의 길임을 설명한다.

마음은 조건 지어진 하나의 구조

마음의 구조는 우유가 변성되어 겉에 생크림이 뜨고 생크림 위에는 발효가 되기 시작한 버터가 있는 것처럼 인간 본질의 가장 깊은 에센스에서 수많은 마음의 층차가 분리되었고 에센스에서 둥둥 떠다니는 거품들을 마음이라 한다.

스크린에 비추어진 영상들이 내 마음이지만 그 마음과 프로젝터기, 스크린, 받침대 등은 둘이 아니다. 영상과 장비가 같지는 않지만 장비가 조건 지어질 때 그 결과로서 영상이 보이는 것처럼 마음은 마음의 기반되는 시스템과는 같지만 또 다른 것이다.

한국의 일반적인 수행자는 마음을 에센스와 분리된 것으로 여긴다. 그들은 마음 수행과 탄트라 수행을 별개로 여겨 마음은 직접적으로 성불하는 길로 여기고 탄트라는 에너지 수행이니까 기운으로 성불을 어떻게 하느냐고 반문할 수 있다.

선불교를 비롯한 다수의 마음 닦는 수행들은 표면적인 마음을 비워 내거나, 도덕률을 닦는 것에 치중해 있지만, 인도 불교의 주류는 심종자를 전식(轉識, 식을 바꿈)하여 지혜를 얻는 유식학에 기반한 밀교였다.

인도의 탄트라적인 관점에서는 마음은 에너지의 일부가 드러난 것인데 마음을 쉰다고 해서 어찌 근본 망상체를 정화할 수 있겠느냐고 반문할 수 있다.

동양권 불교가 화두를 집중적으로 참구하여 그것을 놓아버릴 때 여기는 해방감을 대자유인이라 선언하는 것은 마음을 밀어버리려는 행위이다. 집(=마음)이 거추장스러우니 집을 밀어버리자는 것이다.

그러나 탄트라는 에센스의 거품들(마음)이 역시 '근본의 일부'라는 자각에서 시작하여 내 마음을 밀어버리지 않고 내 마음을 기반으로 초가집에서 기와집으로 바꾼다.

탄트라적인 관점에서는 마음은 여러 에너지층이 결집되어 마지막에 꽃피운 것이고, 앞서 말한 여러 장비들을 갖추고 나서야 스크린 위에 맺히는 영상과도 같은 것이다. 즉 본질, 에센스, 불성, 여래장이라 불리는 진아가 변이(變移)하여 순차적으로 변화한 것, 그것을 마음이라

한다.

스크린에 비친 영화를 바꾸려면 헌 스크린도 새 것으로 바꾸고, 프로젝터도 새 것으로 바꾸고, 필름도 바꾸어야 한다.

수행자의 자아는 한계가 있다. 조건 된 구조에서 투사된 자아에서 그 '조건'을 감지하기란 여간 어렵지 않다. 왜냐하면 자아는 이미 '된' 것으로 작동하기 때문이다. 그래서 밀교를 비롯한 수행체계에서는 현재 의식적인 참구보다는 무의식적인 상징을 더 중요하게 취급한다.

무의식적 원형적 에너지가 소리(진언), 이미지(관상법), 행위(인계, 무드라)를 통해 드러나 수행자는 그러한 체계를 마스터하면 불보살의 비밀한 경계에 들어갈 수 있다는 것이다.

수행의 흐름들은 이와 같이 마음을 닦는 수행과 마음 이면을 닦는 수행(밀교를 비롯한 에너지 계열의 수행)도 있다.

마음 이면의 수행 중에서는 상징을 통해 수행하는 밀교와 무의식적 에너지에서 미세한 흐름이 기운의 형태로 나와 스스로의 에너지장을 제도하는 좌공부도 있음이다. 본서에서는 좌공부와 관련해서는 언급을 최소화하고 수행계 전반에 있는 관념적 오류를 타파하는데 집중하기로 한다.

대일여래께서 화려한 모습으로 계신 이유

보살은 스님들과 다르게 영락을 주렁주렁 걸고 보관을 쓰고 화려한 옷을 입고 있다. 그 이유는 그러한 의상과 차림이 복력을 상징하기 때문인데 그러한 복력으로 배고픈 중생에게 배고픔을 해갈하며, 의복이 없으면 의복을 나눠줄 수 있는 신통의 힘을 펼치기 때문이다.

유마경에서 소승의 스님들과 보살들이 같이 있는 장면이 있는데 거기서 하늘여인이 꽃을 뿌린다. 소승의 스님들에게는 그 꽃이 몸에 붙어 떨어지지 아니하나, 보살들에게는 꽃이 달라붙지 않고 바로 떨어진다.

하늘여인은 스님들에게 수행자는 마땅히 청빈해야 한다는 생각이 강하여 그것이 '두려움'으로 작용한다고 말하며, 이 두려움이 있는 한 꽃은 떨어지지 않는다고 말한다.

유마경의 천녀의 대답이다.

"이 꽃을 법답지 못하다고 하지 마십시오. 그 이유는 이 꽃은 분별이 없건마는, 스님이 스스로 분별하는 마음을 내는 것이외다. 불법에 출가한 이로서 분별을 내는 것은 법답지 못한 것이요. 분별이 없으면 그것이 법다운 것이외다.

꽃이 붙지 아니한 저 보살네는 온갖 분별하는 생각을 끊은 탓이오니, 마치 사람들이 두려워하면 귓것[鬼物]들이 짬을 타서 장난하는 것과 같이, 스님네들이 생사를 두려워하시므로 빛깔, 소리, 냄새, 맛, 부딪히는 것들이 짬을 타는 것이오나, 두려움이 없는 이는 모든 五욕이 어찌하지 못하오며 번뇌, 습기가 끝나지 못한 이는 꽃이 몸에 붙거니와, 번뇌, 습기가 없어진 이에게는 꽃이 붙지 못하나이다."

내가 쌓은 수행력이 파괴될 것이라는 두려움을 지적하는 것이다. 천녀는 소승의 스님들에게 스님다운 것, 불교다운 것에 대한 집착을 떠나야 한다고 말하는 것이다.

마음을 지킬 수 있을 것이다. 찻잔 속의 평안을….

그러나 마음을 넓히지는 못한다. 이 우주가 넓어지는 만큼, 이 우주가 무거워지는 만큼, 바다가 끝없이 움직이지만 흔들리지 않는 것처럼, 내 마음도 끝없이 움직이는 감정의 흐름이지만, 바다가 움직이지만 흔들리지 않는 것처럼. 내 마음이 광대해지면 분별도 역시 하나의 장식물과 같아진다.

보살이 화려한 차림새를 갖고 있고, 대일여래께서 보관을 쓰고 영락을 주렁주렁 걸고 계시고, 복스러운 모습을 지닌 것은 끝없이 움직이는 중생이 곧 움직이되 흔들리지 않는 바다와도 같기 때문이다.

이 우주의 무게만큼 나도 우주를 구족하고 있음이다.
그러나 광막하고 거대한 우주가 눈에 들어와 내 마음의 혼란을 야기할까 오늘도 내일도 들어오는 걸 밀어내는 분도 있을 것이다.

보살의 털구멍 하나하나에는 삼천대천세계가 있다고 하고, 갠지스강의 수많은 모래알에 그 모래알만큼의 우주가 있다 한다. 이 모든 것들이 전부 보살행에 녹아 보살의 힘이 된다.

심종자의 구조에 대해
- 업장소멸은 없습니다

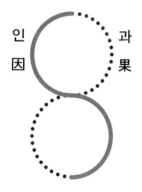

심종자는 8자 모양으로 되어 있다. 종자의 절반은 실현되지 않거나 실현 중에 있거나 이미 실현된 인(因)이고, 절반은 앞으로 인이 구현되어 싹이 터 결과로 나와 그 결과로부터 얻어지는 데이터로서의 '과(果)'이다.

종자가 연을 만나 싹이 트듯, 인은 적합한 연을 만나 과로서 영글게 된다. 우리는 무한히 많은 심종자 속에서 있다.

잠재된 인은 연을 만나서 다양한 모습으로 바뀌어간다.

즉 4주된 태아가 시간이 지나면서 발현되어가는 유전자의 구현은 어머니의 태내에서의 호르몬의 변화와 맞물리듯, 또한 아무리 좋은 종자라도 물과 빛이 없으면 싹이 트지 않듯, 인과 연의 화합은 과로 영글게 하는데 중요한 요소이다.

우리가 조립장난감을 사게 되면 설계도가 있다. 이 설계도대로 만들면 장난감이 만들어지는데, 모든 종자태의 인은 레고 하나의 블록처럼 하나의 홈, 요철이 있어 그 인은 특정한 데이터를 요구한다.

이 데이터가 과(果)이다.

조립장난감의 매뉴얼이 인이라면 그것을 행해서 얻어지는 데이터, 기계에 대한 감각, 조립에 대한 이해의 정보들이 과이다. 만들어진 장난감은 과가 아니다. 데이터를 얻기 위한 것이다.

선인선과 악인악과라는 말이 있다.

악인악과에서 나쁜 짓을 했으면 나쁜 결과가 온다는 이야기인데, 나쁜 짓을 했으면 나쁜 결과가 무한히 반복될 수 있다.

부자라서 타인을 무시했다면 다음 생애이든 이번 생애이든 내가 모멸감을 느끼듯 타인을 내가 무시했다는 자각이 있지 않는 한 악인악과는 무한히 반복된다. 조립장난감의 매뉴얼대로 만지작거리다가 장난감을 잃어버려 매뉴얼대로 못 만들거나, 장난감을 만지다가 다된 줄 알고 방치한 경우이다. 다음 생애에도 매뉴얼은 주어지고, 심종자가 영글지 않는 한 과제는 계속 부여된다.

관세음보살은 모든 중생의 소리를 듣고 모든 중생의 소원을 모두 다 이루어준다고 하는 보살이다.

이 보살이 그냥 명상만으로 복덕을 구비했는가?

그분은 가난한 이로서 분유가 필요한데 구하지 못해서 발을 동동거리는 어머니로서, 혹은 돈이 없어서 어머니를 치료하지 못하는 가난한 이로서 태어났다. 중생의 갈급함을 잘 이해해야 하기에 마이너스를 안 것이다.

또한 그분은 큰 부자로서 어느 하나 부족하지 않은 생애를 살아서 부유함을 몸에 새기고 타인에게 베풀어주는 인생도 살았다. 넉넉한 마음을 알아야 하기에 플러스를 안 것이다.

관세음보살이 세상의 모든 소리를 들을 수 있는 것은, 모든 고통의 소리를 인지할 수 있음이며, 이는 억겁의 이전부터 모든 중생의 마음을 겪어냈기에 반응할 수 있는 자량이 구축된 것이다.

관세음보살이 중생의 소리에 반응하여 베풀어 줄 수 있음은 모든 중생의 마음에 응하여 베풀어줄 수 있는 넉넉한 마음을 자량으로 구축한 것이다.

심종자가 복덕으로 변화하였기에 그분이 쓸 수 있는 힘이 된 것이다.

심종자는 발현되었고, 발현 중에 있고, 앞으로 발현될 예정인 원인과 원인에 매칭되는 구족 중에 있고, 앞으로 구족될 과로 이루어져 있다.

업장소멸?

종자는 없어지지 않는다. 원인이 과(데이터)를 끌어오는 것이 만족되어 영글게 될 때, 하나의 복덕자량이 되는 것을 '업장소멸'이라 한다.

깊은 죄장은 그만큼 더 높이 올라갈 수 있는 자양이 되는 것이다.

이 세상에 없어지는 것은 아무 것도 없다.
단지 눈에 보이지 않게 되는 것과 인지할 수 없는 것을 그냥 없다고 하는 것일 뿐.

의미를 다할 때에

에고라는 것은 정보를 끌어 모으기 위한 기제입니다.

내면의 갈증과 갈애는 보다 완숙한 진화로 가기 위한 갈고리입니다.

갈애가 채워질 때 갈고리는 그 역할을 다합니다.

"다할 때에 사라지게 되며 끊고서 그것을 다했다 말할 수 없다. 끊었으나 다하지 못했기에 많은 성자들이 다시 윤회계로 들어오고 있다."

이렇게 말한 바 있습니다.

또한 근원의 빛은 그냥 하얀빛이나 진화의 최정점에 다다른 존재들이 가진 빛은 모든 빛이 합쳐진 흰빛, 무지갯빛을 머금은 백색광이 됩니다.

그것은 씨앗이 발아하여 수많은 경험과 에너지 대사를 통해 결국 나무가 되어 다시 씨앗을 머금은 열매가 되는 것처럼 하나에서 시작하였으나 근원을 머금은 개별이 되는 것입니다.

존재의 의미를 다할 때에 그 다음 문이 열리는데 정명은 그러한 의미입니다. 자신에게 주어지는 숙명처럼 느껴지는 환경과 자신에게 부여된 DNA 하에서 나는 어떤 선택을 하고 어떻게 나아가야 하는지에 대한 고민. 그리고 선택들….

주어진 것들의 의미를 다할 때에 진화의 문이 열립니다.
존재의 개별적 에고는 갈고리, 정보를 모으고 진화를 하기 위한 기제들, 기제들의 의미를 다할 때에 갈고리는 기능은 하지만 더 이상 에고라고 부를 수 없습니다.
주어진 것들의 의미를 다하지 않은 채 혹여나 다른 방식으로 삶을 모색해온 것은 아닐까 생각합니다.

내 삶과 주변 환경, 가족들과의 관계, 그 모든 것을 한방에 날려버릴 수 있는 통 큰 깨달음, 명상 속에서 함몰되어 편안함을 찾는 것, 지금 당장 일하는 것보다 시크릿에만 열중하는 것 등 내가 갖고 있는 성향, 내가 갖고 있는 에고, 내게 부여된 환경 등에서 그 모든 것들이 지향하는 단 한 점! 성숙의 의미를 다하지 못할 때에 그것은 다하지도 않은 채 끊어내는 것이 됩니다.

정명은 운명이 아니며 정해진 대로만 해야 하는 것이 아닙니다. 정확히 말하면 내 환경과 나의 흐름이 이러할진대 그럼에도 불구하고 나는 어떻게 나아가야 하는가에 대한 답입니다. 정명을 이루면 내 환경과 내게 부여된 DNA는 그 의미가 다해버립니다.

빛과 사랑과 근원과 에너지 속에서 자신의 갈고리 즉 에고는 여전히 체험을 갈구합니다. 체험을 갈구하는 갈애는 그대로 있는데, 갈애를 끊자, 에고를 없애자, 에고를 정화하자고 하여도 그것은 스스로 다짐하고 되뇌는 것일 뿐입니다. 마음으로 마음을 다듬는 것은 한계가 있는 것입니다.

무의식에서 카르마와 같은 오물들이 부상하고 무의식이 스스로 필요한 것들을 에너지 대사를 통해 충당하여 갈애 자체가 원천적으로 일어나지 않는 것, 보살이 부처에게 공양할 때에 손바닥에서 재보와 음식과 공양구가 쏟아져 나오는 것처럼 스스로 모든 것을 구비하여 더 이상 갈애라는 것이 없는 것!

거지들도 "나는 완전하다, 신의 자녀이다, 시크릿이다, 풍요 에너지이다"라고 말할 수 있습니다.

풍요롭지 않은 마음(무의식)은 그대로인데, 풍요를 갈구하는 마음(현재의식)으로 풍요주문, 풍요문양, 풍요 에너지를 부른다고 하여 무의식이 달라질까요?

풍요를 갈구하는 가난한 마음으로 풍요롭지 않은 마음(무의식)을 풍
요롭게 한다?

그것은 구정물로 때 묻은 자신의 몸을 끼얹는 것과 같은 것입니다.

무의식이 충당될 때에 풍요를 갈구하는 마음이 쉴 것인데, 대부분은
풍요를 갈구하는 마음 자체를 에고라고 탓하거나 아니면 풍요를 갈구
하는 마음(현재의식)을 채우는 것에 만족합니다.

에고의 의미를 다한다는 것

궁금한 게 있어요.

체험을 해야 에고의 의미가 다한다고 하셨는데요,

세상의 모든 체험은 다 나름의 의미가 있다고 믿어요.

그렇다면 내가 직접 겪은 체험이 아니고 다른 사람의 경험을 보거나 들어서 '관찰'을 통해, 사건을 통해 겪게 되는 감정이나 정보를 느끼게 되어도(마치 드라마를 보다가 감정이입을 해서 내가 마치 그 드라마 주인공이 된 것처럼 느끼고 생각해보는 것) 에고의 의미가 다하게 되나요?

그럴 수도 있습니다. 그러나 그렇게 안 될 가능성이 더 큽니다.

심종자라고 하여 인간의 깊은 에너지 층에는 업종자가 있습니다. 이 업종자가 때가 되면, 즉 발아할 조건을 만나게 되면 특정상황에서 발아합니다. 이 때 이 업종자가 불종자(부처님의 씨앗)로 바뀌는가 안 바뀌는가가 에고의 의미가 다하느냐 다하지 않느냐의 의미입니다.

업종자가 불종자로 바뀌는 것은 즉 업종자의 번뇌심이 곧 보살의 방편의 힘으로 바뀜을 의미하고, 이를 에고의 의미가 다한다고 설명합니다.

에고는 갈고리 혹은 그물망으로도 비유하는데, 그물망이나 갈고리가 수용해야 할 정보를 수용하면 그 그물망과 갈고리는 중생구제를 위한 에너지로 전환됩니다.

슬프지 않지만 슬퍼하는 중생을 위해 같이 슬퍼하며
분노하지 않지만 분노하는 중생을 위해 같이 분노합니다.

즉 에고는 껍데기가 되며, 잘 익은 과일은 정보입니다.

익지도 않아 에고만 치성하여 껍질만 있고, 과육은 없는 것이 중생입니다.

그러나 보살은 과육도 있으면서 에고도 있기에 에고를 통해 삼계를 절복시킵니다.

지옥, 인간, 천상, 이 모든 우주는 에고가 있기에 에고라는 공통분모를 금강으로 바꾼 이에게는 이 삼계는 그에게 항복할 수밖에 없는 것입니다.

미묘한 업종자가 발아할 때 변화하는 것이기에 님이 에고의 의미를 다하려고 한다고 해서 되는 것도 아닙니다.

그리고 한 가지 더!

정보의 대사는 깊은 층에서 이루어지는 경우가 많습니다. 현재의식 측면에서 내가 뭘 알았다, 내가 뭘 의미를 다했다고 알아차리는 것은 층차가 낮은 차원에서 대사가 이루어졌다는 의미입니다.

여행사 직원이 전 세계를 다 다니니까 수행력은 세계 최고라고 말하기 어려운 것은, 정보의 대사가 낮은 층에서 이루어져서 그렇습니다.

마음고생을 똑같이 했어도 수행이 된 사람이 있고, 마음고생을 했어도 어제도 같고 오늘도 같고 내일도 예측이 가능한 사람도 있습니다.

그래서 드라마 같은 간접체험을 한 사람이 특정 에고의 의미를 그 체험을 통해 다했을 수도 있고, 아니면 다하지 못했을 수도 있다고 말한 것입니다.

* 과육과 껍질의 비유를 들었습니다.

보통의 사람들은 삼계를 절복하는 바즈라, 즉 금강의 힘은 에고를 초월했으니 얻어진다고 여기실지 모르지만, 에고가 있기에 삼계를 절복 시킬 수 있는 것입니다.

여섯 개의 팔을 가진 심왕

수행의 동인(動因)은 일반적으로 '깨닫고 싶어서'라는 말이 가장 많다. 그러나 가장 근본적인 것은 '내가 불안하기 때문에', '내가 힘들기 때문에'라는 말이다. 이 이야기는 많이 말한 내용이다. 무동금강 칼럼에서 자주 언급한 내용이다.

이번에는 수행의 메커니즘으로 말해본다.

눈은 시각적 이미지를 인지하고자 하는 의지
코는 후각적 정보를 인지하고자 하는 의지
혀는 미각적 정보를 인지하고자 하는 의지
　：

생각은 사고적 흐름을 인지하고자 하는 의지

여기서 의지는 내 현재의식으로 무엇을 하고자 하는 그 의지가 아니고, 미세한 의지이다. 인간 존재 자체가 무엇을 끌어들여 자신의 정보체에 기록하고자 하는 의지의 존재이다.

불교의 유식학에서는 안이비설신의의 육근(눈, 귀, 코, 혀, 촉감, 뜻)에서 정보를 취합하여 안식(眼識), 이식, 비식, 설식, 촉식, 의식 등으로 에너지의 형태로 저장한다고 한다. 불교적 텍스트로는 육경(여섯 가지 뿌리)이 육근(감각기관)과 만나 식장이 창출된다고 한다.

* * *

◆ **안식(眼識)**: 안근(眼根)을 소의(所依: 발동근거)로 하여 색경(色境)을 요별(了別)하는 작용

◆ **이식(耳識)**: 이근(耳根)을 소의(所依: 발동근거)로 하여 성경(聲境)을 요별(了別)하는 작용

◆ **비식(鼻識)**: 비근(鼻根)을 소의(所依: 발동근거)로 하여 향경(香境)을 요별(了別)하는 작용

◆ **설식(舌識)**: 설근(舌根)을 소의(所依: 발동근거)로 하여 미경(味境)을 요별(了別)하는 작용

◆ **신식(身識)**: 신근(身根)을 소의(所依: 발동근거)로 하여 촉경(觸境)을 요별(了別)하는 작용

◆ **의식(意識)** : 의근(意根)을 소의(所依: 발동근거)로 하여 법경(法境)을 요별(了別)하는 작용

*   *   *

이 식장은 존재가 살아가면서 정보가 누적되어 에너지의 형태를 띤 것을 말하는데, 이 식장은 윤회가 될 때 원판이 되어 다시 육근을 구성한다. 같은 것은 같은 것을 모으려고 하고 유지하려는 속성 때문에 여섯 가지 종류의 에너지장들은 인간의 육근을 형성하려고 한다. 순환구조인 것이다. 육근(물질적 감각기관)은 경계의 대상(소리, 시각, 냄새, 맛, 촉감, 사고적 경계)을 만나 에너지를 형성하며 이 에너지장은 다시 육근을 구성하는 설계의 형판이 된다.

인간 존재 자체가 미세 의지가 감각기관으로 구현되어 늘 정보를 취합하려 하기 마련인 것이다. 감각기관은 스스로 유지하기 위해 계속 정보를 기록하게 된다.

우리는 무엇을 본다고 스스로 주체라고 여기지만, 눈을 뜨고 있으면 그냥 들어와 인지된다. 눈 자체가 정보를 받아들이는 의지이기 때문이다. 우리는 무엇을 생각한다고 스스로 생각의 주체라고 여기지만 가만히 있으면 아무 생각 안 하는 것조차 하얀색 캔버스에 하얀색 색연필로 그리는 것과 같다.

의식은 의근을 근거로 하여 법경(의식의 대상, 여기서는 생각, 생각은 언어적 개념을 매개로 한 연속의 의지 발동)을 분별하여 누적한 에너지의 총합이다. 꿈도 역시 언어적 개념(논리의 체계)에 투사되어 진행된 에너지의 작용이기에 의식에 해당된다.

무념무상이라는 상태를 아무런 정보를 입력하지 않는 지고의 명상적 상태로 여기지만, 무동의 심법에서는 하얀색 캔버스에 하얀색 색연필로 사물을 그리는 것이다. 이러한 미세한 의지를 끄집어내어 나오는 게 '동작'이다.

우리가 특정 지역에서 사는 이유는 그 지역의 공기와 물과 환경과 거주하는 사람들과의 기운적 정보를 취하려고 하기에 그 지역에 거주하는 것인데, 인간 자체가 미세한 의지가 구현된 존재이기 때문에 어느 곳에 있다는 것은 그 존재가 그곳이 필요하기 때문이다.

이 미세한 의지는 6개의 팔, 혹은 6개의 대문으로도 상징된다. 육근으로 표현되는 6개의 팔, 6개의 대문은 심왕이 펼쳐놓은 여섯 명의 신하와도 같아, 인간 정신체의 만다라를 구현하고자 한다.

인간의 여러 체험들은 순수한 정보로 여섯 개의 대문을 통해 심왕이 구축하는 만다라로 결집하게 된다. 안이비설신의로 표현되는 오감과 의식들 자체가 대일여래가 펼쳐놓은 손발이라는 것이다.

보통의 인간들은 일상적 삶을 통해 여섯 개의 대문으로 들어오는 정보로 인생을 살면서 심왕을 살찌우고 자신의 만다라를 광대하게 구축하려고 한다.

그러나 일부의 사람들은 자심(自心)의 만다라에 앉아 있는 심왕(心王)이자 심주(心主)인 대일여래께서 온전히 살이 찌지 않아 그 결핍감으로 수행을 찾게 된다.

우주의 무게만큼 존재는 무거워지고 있다고 말한다. 존재의 심왕인 대일여래도 살이 쪄야 하나 우주의 무게만큼 같이 성숙되고 있지 않을 때 다양한 고통으로 데이터를 추출하고자 한다.

우리의 인간적 부족함으로 다양한 충돌과 재난들이 오게 되는데, 실은 충돌과 여러 어려움들을 겪어내야 하는 것은 목적이 아니다. 그러한 어려움을 통해 어떤 성찰과 자각과 정보를 얻게 되는지가 영혼의 입장에서는 중요하다. 인간성이 대일여래의 여섯 개의 손발에 해당되고 인간성을 통해 해탈을 할 수 있는 것이다.

석가모니께서 인생의 고에 느끼는 범부였기에 수행을 하고자 하는 발심을 한 것을 보면 안다. 수행을 하고자하는 자각이 사문유관4)으로 대표되는 사건들을 통해서 일어난 것이다. 그러나 어떤 이는 발심을 하게 되는 계기가 애정으로 인한 괴로움, 집착에 대한 괴로움을 직접 겪어야 하는 것이다.

더 강하게 겪어야 데이터를 얻어내는 존재도 있고, 사문유관과 같은 사건을 통해 감수성 깊은 이는 더 어렵고 고통스럽게 겪지 않아도 데이터를 얻는 이들도 있다.

수행의 원인은 정보체에서 정보를 받아들이는 '흡인력'이 가동되기 때문에 마음이 동해서 수행하고자 하는 의지가 발생한다. 앞서 대일여래와 대일여래의 여섯 신하 혹은 여섯 손으로 표현했지만, 직설적으로 표현하면 정보체에서 당기는 흡인력이 있고, 정보체가 정보를 당겨오지 못할 때에 수행을 찾게 된다.

수행의 엘리트는 이 흡인력으로 수행한다.

수행자가 내 마음이 편안해져서 목적을 달성했기에 그만둔다면, 그것은 갈구함이 어느 정도 해결되었기 때문이다. 정보체가 갈구함이 지나쳐 도무지 참을 수 없을 지경이 될 때, 수행을 시작하고, 그 갈애가 어느 정도 해결이 되면 그만둔다.

그러나 수행을 그만둬도 사회생활, 가정생활, 그리고 아무것도 안하고 잠만 자도 끊임없이 정보를 새겨서 작은 의미의 수행은 한다. 그리고 다시 갈구함이 지나쳐 수행을 다시 할 수 있다.

---

4) 사문유관: 석가모니 출가(出家) 전, 태자 때에 카필라성(城)의 동·남·서·북 4문 밖에 나가 인생의 4고(四苦)를 직접 보고 출가를 결심한 일. 사문출유(四門出遊)라고도 한다. 즉 동문 밖에서는 늙은이를 보고, 남문 밖에서는 병든 이를 보고, 서문 밖에서는 사자(死者)를 보고, 북문 밖에서는 승려를 보고, 마침내 출가할 뜻을 굳히게 되었는데, 이것은 태자의 출가를 재촉하기 위하여 제천(諸天)이 변화한 것이라고 해석한다. (출처: 두산백과)

수행의 엘리트는 내가 보고, 느끼고, 생각하는 그 모든 것이 정보체의 당김이라는 것이 체화되어 있다.

존재는 존재하기에 수행을 하게 되어 있다. 존재는 정보체의 당김[5]이 형상화되었기에 수행의 엘리트는 완전한 '본능'으로 한다.

세포적 차원에서는 끊임없이 주변 환경과 대사하기에 이 대사하고자 하는 미세한 의지가 현재 의식적 차원으로 수행을 하게끔 만든다.

그게 수행의 엘리트들이 하는 수행을 하고자하는 원인이다.

---

5) 정보체의 당김: 안이비설신의와 같은 여섯 가지 감각은 여섯 가지 육체기관인 눈, 코, 입, 귀, 피부, 뇌와 같은 여섯 가지의 의지처를 통해 구현되고 있으며, 이것은 다시 에너지적 축적물이자 에너지적 원판으로 기능하는 육식(여섯 가지 에너지장)으로 저장된다. 여섯 가지 의지처는 전생부터 계속 쌓아온 육식의 결과이자 다시 그것이 육식의 원인이 되는 것임을 앞서 말했다. 정보체의 당김은 불교의 유식학의 결론에서 나온 것이지, 무동 개인의 사상이 아님을 밝혀둔다. 이 정보체의 당기는 현상이 수행의 제 1원인이고 대일여래께서 여섯 개의 손발을 통해 자심의 만다라를 펼쳐내는 것이다.

◇

◇

정보는 곧 존재이며, 카르마는 곧 정보이다

어떤 분이 카르마가 소멸되면 정보는 곧 사라지며, 정보에서 자유로운 자 평안할 것이라는 말을 했다.

숨 쉬는 것도 정보로 대사된다. 우리가 먹는 물 한모금도 어느 지역에서 산출되었는지, 그 물이 어느 경로를 통해 지금 우리가 먹는지 전부다 정보로서 체화되고 있는 것이다.

석가모니께서도 카르마를 통해 깨달았다라고 하면 믿을은지….

부처께서 말한 12연기는 무명에서 시작하여 생사로 끝나는 무명의 12연기로 이해되는 것이지만, 실제로 연기의 법이 있기에 그분이 수행이라는 인을 통해 깨달음이라는 결과를 얻은 것이다. 12연기법은 중생에게 있어서는 어둠의 12연기 바퀴이지만, 불보살에게는 깨달음의 과위를 얻는 법륜의 12바퀴살이 되는 것이다.

그분은 카르마를 인간이 살면서 부정적으로 느껴지는 그 모든 감정과 에너지 양태에 한정해서 말씀하신 것 같다.

기억은 기억이다. 정보는 기억과 관련 없는 하나의 팩트 및 팩트에 대한 인간의 주관적 반응이 체화된 것이다. 정보는 혼탁한 물에서 입자들이 가라앉을 때 생기는 맨 밑바닥의 앙금과 같은 것이다.
물이 고요해지고 물 밑바닥에 차곡차곡 쌓이는 것을 순수한 정보로서 그것을 아뢰야식에 함장되는 것이라 한다. 순수한 정보는 '심종자(心種子)'라고도 한다.

기억으로 괴롭다면 기억에 대한 태도를 바꾸면 된다.
기억은 삭제할 수 없다. 이미 내게 경험된 것은 아무리 힘든 일이라고 해도 겪어낸 것은 영적 정보체에 기록된다.

힘들었다는 주관적 정보 더하기 그 반응을 일으킨 사건,
그리고 그것이 현재의식과 링크되어 있어 지금의 내게 괴로움을 불러일으키는 것은 모두 따로따로 보아야 한다.

여러 일들이 지금의 나를 구성하는 것인데, 살을 빼고 싶다고 해서 살을 칼로 도려낼 수 없음이다. 정보를 없앤다고 하는 것은 1kg의 살

을 빼고자 1kg의 살을 도려낸다는 것과 동일하다.

살을 빼고자 하면 운동을 하면 되고, 그렇게 해서 살을 뺀 이는 더 건강하게 된다. 원래부터 살이 없는 마른 사람과 비만이어서 운동을 해서 살을 뺀 사람은 건강함의 차이가 있는 것이다.

여러 일들이 저장된 메모리 칩과 그 메모리 칩의 정보를 모니터로 띄우기 위해 버튼을 누르는 것은 당사자의 선택이다.

영성계에서 많은 오류가 범해지고 있는데, 그 주요한 것은 정보를 카르마로 여겨 감각을 차단하여 체험을 회피하는 것에 있다.
'생각 피하기', '생각 누르기', '생각 추적하기' 이러한 수행적 행위들은 생각을 죄악시함에 있다.

생각을 가지고 두루치고 엎어 치고 볶아내고 튀겨내도 생각이 크게 다가오는 것은 어쩔 수 없다.

프라이팬에 생각을 아무리 두루치고 엎어 쳐도 어쩔 수 없으나 프라이팬이 커지면 달라지게 된다. 바다에 잉크가 떨어진다고 해서 바닷물이 탁해지지 않는다. 물 한 컵에 떨어지면 탁해진다.

생각을 하지만 존재에게 전부처럼 느껴져 그것에 괴로운 사람도 있고, 생각을 하지만 존재에게는 삶의 도구일 수 있는 사람도 있는 것이다.

◇

◇

서랍장을 열어보는 그 마음

고통스러운 기억에 힘들어하는 회원분이 계셨다. 이하는 말씀드린 내용입니다.

"팩트와 관련된 기억은 없앨 수 없습니다. 그러나 기억과 믹스된 감정들은 훗날 씁쓸하게 바라볼 수 있고 때로는 약간의 아쉬움과 쌉싸름한 것으로 기억될 수 있겠습니다. 기억을 환기시키고, 뒤집어보고 볶아보고 데쳐보는 그 마음은 마음이 심심해서 서랍장을 열어보면서 사진들을 들춰보는 것과 같습니다. 제가 해드릴 수 있는 것은 서랍장을 열어보려고 하는 마음을 끊어내는 것에 도움을 드릴 수 있다는 것입니다."

인간의 마음은 사건 자체의 기억, 사건 당시에 느꼈던 여러 감정들과 믹스된 '가공된 기억', 그리고 가공된 기억을 분류하기 위해 꼬리표를 붙인 '평가된 기억' 그리고 '꼬리표 라벨'을 꺼내서 보는 서랍장을 열어 보는 마음, 이렇게 여러 단계가 있습니다.

기억과 서랍장을 열어보는 마음의 링크를 끊어놓는 것이 사무처리 과정이며, 더 깊이 들어가면 '꼬리표 라벨'과 사건이 있을 때의 감정들이 믹스된 기억과의 링크를 끊어 놓습니다.

라벨을 떼고 붙이고 꺼내서 보고 다시 집어놓고 가끔 열어보는 마음,

기억을 없애고 고통을 없앤다, 그것에만 초점을 두지 마시길 바랍니다. 그것은 존재의 변화와는 상관이 없는 것입니다. 서랍장을 열어보는 마음이 동하지 않는 것이 존재의 변화와도 관계가 있는 것입니다.

심법의 장

- 네오부디즘, 수행의 기준점

◇

◇

수행의 성취를 어디에다 두는지에 따라 결과가 달라지게 마련이다. 불로불사하는 신선의 경지가 수행의 경지일까? 혹은 24시간의 대부분을 무념무상의 삼매 속에서만 머무는 것이 수행의 경지일까? 혹은 별다른 걱정 없이 전원의 평화로운 생활 자체가 수행의 경지일까?

무욕의 삶, 오래 사는 것, 차크라를 열고 닫음, 자연적인 힐링의 삶을 사는 것이 과연 수행적인 것인가라는 의문을 던져본다. 파사현정(삿됨을 깨면 자연스럽게 바름이 드러남)을 통해 수행의 기준점을 알 수 있기를 기대한다.

비상비비상처의 후예

비상비비상처(非想非非想處).[6] 생각이 있는 것도 아니고 생각이 없는 것도 아닌 제4천의 경지. 욕계·색계의 거친 생각은 없지만 미세한 생각이 없지 않은 제4천의 경지.

시공불교사전

* * *

비상비비상처는 석가모니께서 우드라카 라마푸드라로부터 배운 삼매

---

6) 비상비비상처: 상이 아니며 상이 아님도 아닌 경지. 이를 33천의 하늘무리로 칭할 때는 무색계 최고의 경지의 하늘 비상비비상천이라고도 한다.

이다. 이 삼매는 인도 최고의 선정이라 일컬어진다.

비상(非想)…상이 아님
비비상(非非想)…상이 아님도 아님

우리의 생각은 특정 개념들로 연이어 발생하게 되는데, 이러한 개념 (상)이 아니며, 또한 개념이 아닌 것도 아닌 상태를 비상비비상처라고 한다.

이 삼매의 경지에 도달하면 무아의 경지에 도달한다. (무아, 무동이 보는 무아의 개념은 따로 있다. 무동이 보는 무아는 내가 없는 것이 아니라 집착할 내가 없다는 것이다. 미묘한 어감의 차이이나 수행의 결과가 달라진 다.)

비상비비상처를 득하면 깨닫기 어려워진다고 한다. 왜냐하면 극미묘 의 삼매 속에서 '내가 없어지는 체험'을 하는 것이기에 도대체 거기에서 나올 생각을 하지 않는다.

그 아랫단계의 삼매들에서 깨닫기 쉽다는 것이지 이미 비상비비상처 를 득하게 되면 이 삼매는 '반야지'가 아니면 깨고 나오기 어렵다는 것 이다.

〈석가모니 고행상〉

석가모니께서는 비상비비상처를 마스터하고 나서도 삼매에서 깨어나면 근원적 고통 속에서 헤매는 자신을 보고 이 한계를 절감하고 몸을 추스르려고 한다. 소녀에게서 우유죽을 먹고 기력을 회복하여 최후의 삼매에 들어가게 된다.

당시 같이 수행한 수행자들은 그가 타락했다고 비난한다.

당시 인도의 수행은 더러운 육체는 극소화하고 고상한 정신의 세계는 확장시킨다는 것이 주된 관점이었는데, 이러한 관점에서는 석가모니 역시 몸을 혹사할 수밖에 없었던 것이다. 아래 석가모니 고행상처럼.

석가모니께서는 비상비비상처의 극미묘한 즐거움 속에서 머물 수도 있었다. 인도 대다수의 수행자들이 스스로 일궈놓은 그 자그마한 수행 성취를 잃어버리기 싫어하면서 수백 번, 수천 번이고 삼매와 현실을 왔다 갔다 하면서 삼매 중독자로 일생을 마무리할 수 있었다.

그러나 반야지의 지혜로 비상비비상처의 달콤함을 버리고 깨달음으로 나아간 것이다.

현 영성계는?

비상비비상처를 추구하는 트렌드가 대부분, 아니 전부이다.

석가모니의 종지를 받든 불교계에서도 '나를 없애자', '비우자'를 자주 말하고 있고, 영성계 전부가 '진아를 찾는다', '무아를 찾는다'라고 한다.

예를 들어 도를 추구한다는 말에서 우리는 걸망을 등에 메고 대나무 사이를 지나가는 스님의 뒷모습이라던가, 장좌불와를 평생 한 수행자의 모습 등을 연상한다. 현실에서 벗어나 무아 찾아 삼만리인 것이다.

나를 없애자 혹은 비우자라는 표현 자체도 이미 석가모니의 고행상에서 보는 것과 같이 부정하고 속된 나와 참진리의 나를 구분해서 말하는 것이고, 진아를 어떻게 찾는지 혹은 무아의 경지를 어떻게 득하냐는 질문에도 어떻게 하면 일상의 번뇌를 벗어나고자 할까라는 생각이 깔려 있는 것이다.

수천 년 전의 인도 사상에서도 발견되는 진아—가아 이원론에서 나아가지 못한 것이다.

비상비비상처의 후예

비상비비상처의 묘한 경계는 오로지 반야지로서만 깨질 수 있다. 그러나 그 달콤함은 무릇 괴로운 이에게는 한 모금 청량수가 되기에 수천 년간 마음이 괴로운 사람들이 영성의 주류를 만들어간 것이다.

보살은 방편으로서 괴로움을 달래주면서(기운의 정화, 사무처리) 명입력과 각종 방편의 힘으로 악을 끊고 선을 증장시킨다. 보살에게는 비상비비상처에 대한 탐착심조차도 악인 것이다.

◇

◇

타화자재천의 후예

　삼매 속에 안주하는 분들을 비상비비상처의 후예라고 적었습니다. '천계 마물들의 흡혈대상'이라는 글에서 나온 영기장의 경우, 굳이 말하면 이분은 타화자재천으로 짐작합니다.

　타화자재천은 욕계 제일 높은 천상으로서 타인의 즐거움을 자신의 것으로 하는 세계입니다. 아무런 노력할 필요 없이 남이 기뻐하면 그 기쁨을 취해서 자신들이 즐거움을 누리기에, 이 세계를 마천(魔天)이라고 합니다.

　쾌락을 훔치기만 하면 되는 것이죠.

　예를 들어, 돈 많은 노인이 그 돈으로 장기밀매가 된 장기를 하나 사서 몸의 부속품을 갈듯 영생을 누리려고 하는 것과 같습니다.

천계에서도 이와 똑같이 본인들의 복의 힘이 다하면 윤회함을 알고, 이를 피하고자 자신들의 힘을 잃기 싫어하기에 돈 많은 노인과도 같이 에너지를 충당하여 수명을 연장하고자 합니다.

영적으로 좀 열렸고, 수행 좀 하는 이를 통해 다수의 기운을 빨아들이는 경우가 있다. 타화자재천은 훔치기만 하면 자신들의 영속성이 유지됩니다.

겁나시나요? 겁 낼 것은 하나도 없습니다.

아무런 노력 없이 그림 한 점이나 부적 한 점 같은 걸로 무엇을 득하고 싶다는 것도(사는 사람 입장) '타화자재천'의 마음과도 똑같은 것입니다.
그것에는 내 것은 투입하지 않고 남의 것만 가지고 결과를 도출하려고 하기에 사는 사람도 파는 이의 타화자재천의 마음과도 같은 것입니다.

그게 아니라면 겁내지 않아도 되는 것입니다.

공개강좌에서 내게 누군가 물어보았습니다.

"이 진언을 외우면 풍요가 온다는데 그런가요?"

무동은 답했습니다.

"진언을 외운다고 해서 풍요가 오지는 않습니다. 외우면 님의 갈급함이 줄어들고 잠재워집니다."

이 세상의 원리가 타화자재천의 원리입니다. 그래서 이 타화자재천이 욕계 최정상이라 하는 것이고, 욕계의 생명들은 모두 타화자재천의 소관에 있는 것입니다.

이를 여실히 보아 마계(타화자재천)에서 벗어날 수 있는 것은 반야의 지혜인 것입니다.

잇는 것은 가능하나 나아가지 못합니다

티베트 밀교에서는 린포체라고 하여 환생자들이 있다. 스승이 제자에게 나는 어디에서 태어날 것이니 그곳으로 찾아가 나를 찾아서 수행시키라고 유언을 남기고 돌아가시면, 제자는 특정한 시기 특정한 장소에서 태어난 아이를 현몽을 통해서나 명상을 통해 알아내어 스승의 환생자를 찾는다.

제자들은 그곳을 찾아가 아이가 스승의 유품을 찾아내는 테스트를 통해서 전생의 스승을 찾고 그를 제자로 육성하게 된다.

그렇게 스승에서 제자로, 제자에서 스승으로 이어지는 법맥이 유지된다.

그런데 과연, 그러한 윤회 방식이 영혼의 진화에 도움이 될까?

수많은 마음을 통달해야 보리심에 통달할 수 있으며(통달보리심)
수많은 마음을 겪어야 보리심 자체를 늘릴 수 있다.(증광보리심)

화엄경 자체에도 보살은 중생의 기예와 지식과 마음에 통달하여 난
승지[7]를 성취한다고 되어 있어서 보살도는 수행이라는 형식에 고정되
어 있지 않다고 명시되어 있다.

스승과 제자로 한정된 체험, 한정된 지역에 고착되어 윤회하는 것은
정보량의 누적 면에서 불리한 면이 많고, 수많은 분별심과 망상이 곧
지혜로 성숙되어가는 과정인 묘관찰지를 닦는 것에 부족함이 있다.

서원은 윤회의 흐름 속에 잊히지 않는다.

그래서 끝에 도달한 자들은 전생의 공력에 연연해하지 않고 범부(凡
夫)로 돌아온다.

---

7) 난승지: 《화엄경》〈십지품〉에 나온다. 이 지위에 오르면 공덕이 견고하여 어떤 마귀
    나 장애에도 흔들리지 않는다. 고(苦)·집(集)·멸(滅)·도(道)의 4가지 성스런 진리인
    사제(四諦)의 이치를 확실하게 알고, 세속은 물론 출세간의 진리도 알 수 있다. 세간
    과 출세간의 모든 지혜를 성취했으면서도 중생들을 교화하려고 기예(技藝)를 익히
    고 병을 치료하는 방법을 배우기도 한다. (두산백과)

누구나 이번 생애에 도달한 경지를 잃어버리고 싶어 하지 않는다. 그래서 스승이 제자를 찾아내고 제자가 다시 스승을 찾아내어 수행만을 닦는다고 할지 모르겠다.

수행력을 잇고자 하는 마음,
잇는 것은 가능하나 더 나아가질 못한다.
더 나아가는 것에는 경험이 필요하기 때문이다. 그것을 자량(資糧)이라고 한다.

석가모니께서 가정을 이루고, 인간사 번뇌를 겪고, 6년간의 고행이 없었다면, 아니면 밀라레빠님께서 흑마술을 하여 그 업보를 치르면서 스승에게 혼나는 체험이라든가 인간적 체험이 없었다면 과연 대도를 이루셨을까?

사람들은 석가모니께서 남겨주신 위빠사나나 밀라레빠께서 남겨주신 나로빠 육법을 열심히 행하나 이는 이미 갖고 있는 것을 만다라화하거나 의식을 고양시키는 과정일 뿐.
타고 있는 장작에 장작을 더하여 더 크게 하여 세상을 빛나게 하는 것은 수많은 윤회를 통하여 복덕자량과 지혜를 쌓아 묘관찰지를 구비하는 보살도로 가능하다.

체험을 가능케 하는 것은 망각이기 때문에 수행의 끝에 도달한 자들이라 여겨지는 이들도 다시 새로운 시작을 위해 윤회한다.

그 시작은 시작처럼 보이나 영혼의 시작점은 아니기에 그것을 아는 이들은 다시 돌아온다.

사람들은 린포체들의 환생을 보면서 신기하다 혹은 그 한 우물을 파는 열정을 보곤 한다.

그러나 전생 전생마다 모습과 직업과 성별과 성격이 다르더라도, 비록 수행 공력에 연연하는 윤회가 아니더라도, 진짜 한 우물을 파는 존재도 있다.

그들 보살들은 자신의 서원에 의한 윤회로 한생 한생이 다 성별과 성격이 다르더라도 보살의 서원에 의한 나툼이지 수행력을 잃어버린다고 여기며 윤회하지 않는다.

오로지 나툼에 의한 행만 있을 뿐입니다.

생사의 파도에 두려움이 있다면

유마경에서 천녀가 등장하여 꽃들을 뿌리는데, 대승보살에게는 꽃들이 붙지 아니하고 그냥 떨어지나, 소승의 스님들에게는 꽃들이 떨어지지 아니하고 계속 붙어 스님들이 자신들의 신통력을 다하여 떨어뜨리려고 했으나 떨어지지 아니하였다. 이에 천녀는 소승의 스님들은 생사에 두려움이 있어 귓것[鬼物]들이 두려움을 타고 침범한다고 말하였다.

석가모니께서 생로병사의 고통을 목격하시고 이를 끊고자 출가하셨다. 석가께서 생로병사의 고통의 원인을 조건한 결과, 12연기의 흐름을 관찰하시고, 12 단계의 인연법에 의해 생로병사가 일어남을 관하셨다. 생로병사는 자연스러운 12연기의 과정이나, 이에 고통을 느끼는 것은 제행무상, 제법무아, 일체개고의 지혜를 얻지 못하였기 때문이었다.

석가모니께서는 불로불사의 법을 아신 것은 아니었다. 그분께서는 생로병사에서 고통스러운 중생에게 그 집착심을 끊고자 법을 펼치신 것이다.

직접적으로 불로불사를 추구하는 법들이 있다. 수명연장의 법에서 더 나아가 양신 및 환신 성취법 등이다.

인간의 육신을 매미껍질처럼 벗겨놓고 우화등선한다는 이야기이며, 이는 도가의 법이다. 나로빠 육법의 환신성취이든, 도가의 양신 출신이든 간에 죽음의 순간에 에너지의 몸을 성취하여 윤회의 파도에 휩쓸리지 않겠다는 것이다.

윤회의 파도에 휩쓸리지 않는다 함은 수행자들에게는 자신의 수행력을 잃지 않으려는 마음에서 기인한다. 처음부터 시작함에 두려움을 느낀다는 것이다.

그렇기에 티베트밀교의 린포체들은 죽고 나서 어느 시기에 어느 땅에 태어날 테니 나를 찾아 다시 수행시켜주라는 말을 제자들에게 말하고 세상을 뜬다. 그러면 제자들이 그 환생자들을 찾아 스님들의 유품을 벌여놓고 환생자가 정확한 물건을 선택하면 그 환생자가 린포체로 인정받는 것이다.

수행을 세세생생에 하면 좋다. 그러나 보살도는 모든 것을 이루고 그것을 통해 중생제도의 방편을 구족하는 것이기에 수행이라는 한정된 카테고리에서는 대일여래께서 나투신 우주법계의 삼라만상, 414존의 태장계 금강보살과 1416존의 금강계 금강보살을 성취할 수 없다.

'잇는 것은 가능하나 나아가지 못한다.', '영기장으로 본 티베트 밀교의 법맥 추적 -3- 닝마파와 겔룩파(무동금강의 제2저서 밀교 명상의 법)' 라는 글에서처럼 생사의 흐름은 의식을 광대하게 만드는 좋은 기회이며, 법의 바퀴이다.

12연기법은 우매한 이에게는 끝없는 인과의 엔트로피에 스스로를 함몰하는 어둠의 법이나, 숨 쉬는 것조차 인과의 법으로 기록되어가는 것이라면 이 인과의 법으로 나는 인생에서 무엇을 그려낼 것인가를 고민하고, 스스로를 제도하면서 타인을 제도하는 보살에게는 법륜의 법이다.

선택이 있다.

수행력을 초개와 같이 버릴 수 있음을 인지하고 생사의 흐름에 완전히 맡겨 비록 다음 생애에 범부로서 살지만, 수행자로서 이루지 못한 가정을 꾸리는 것이나 세속의 법에 통달하는 선택이 있다.

아니면 지금 이루어놓은 수행력을 생사의 흐름에 휩쓸리지 않게 하여 비록 의식은 그대로지만 그 한정된 의식으로 영겁을 살 수도 있다.

전자가 보살의 선택이며, 후자가 신선의 법이다.

좌공부의 제도 과정이 심화되면 모든 영적 에너지체들이 제도화가 되어 생사의 흐름에 공력이 파괴되지 않는다고 하였다. (밀교 명상의 법— 만다라의 몸을 성취하는 좌공부)

그러나 심법(心法)의 측면에서는 좌공부의 공력도 완전히 여의(如意) 에 맡겨야 한다. 완전히 맡긴다는 것은 윤회의 흐름에 내 공력이 모조리 소실되어도 내 영혼이 원하는 것을 하겠다는 것을 말한다.

윤회 속에서 나의 성격, 환경, 물질적 토대들이 전부 바뀌어가도 여의에 맡김이 철저함 그 자체를 보리심이라 하면, 보리심만 있다면 윤회의 모든 흔들림이 공력으로 화할 것이다.

백사장의 모래알이 생사의 파도에 흔들리더라도 그 흔들림이 타인을 제도하고 나를 제도할 수 있는 공력이 된다면 아무래도 괜찮은 것이다.

영혼의 시작점

체험을 가능케 하는 것은 망각이기 때문에
수행의 끝에 도달한 자들이라 여겨지는 이들도
다시 새로운 시작을 위해 윤회합니다.

그 시작은 시작처럼 보이나
영혼의 시작점은 아니기에 그것을 아는 이들은 다시 돌아옵니다.
사람들은 린포체들의 환생을 보면서 신기하다고 하거나 혹은 그 한
우물을 파는 열정을 보곤 합니다.
그러나 전생 전생마다 모습과 직업과 성별과 성격이 다르더라도 비록
수행 공력에 연연하는 윤회가 아니더라도 진짜 한 우물을 파는 존재도
있습니다.

그들 보살들은 자신의 서원에 의한 윤회로 한생 한생이 다 성별과 성격이 다 다르더라도 보살의 서원에 의한 나툼이지 수행력을 잃어버린 다고 여기며 윤회하지 않습니다.

오로지 나툼에 의한 행만 있을 뿐입니다.

보살의 복덕자량
보살의 방편지와 구제능력

보살의 심경이 깊고도 오묘하고 또한 광대할수록 중생구제의 힘은 광대해지고 더욱 미묘해진다.

윤회하여 다시 인격이 구성되는 것은 이 세상을 향한 탐침의 도구를 새로이 하여 새로운 데이터를 습득함에 그 이유가 있다.
에고는 곧 이 세상에 대한 탐침의 도구이며, 그 침을 이 세상에 찔러 어떠한 대사작용(인간의 삶)이 일어나는지…, 그것이 보살이 힘을 얻는 방식이다.

억겁의 세월에서 이번 생의 한줌 안 되는 공력을 잃어버리기 싫어하여 윤회의 방식을 스스로 가두는 '신선도' 및 '불로장생의 법' 등은 무동의 방식이 아니다.

하나를 얻기 위해 전부를 버리고 다시 처음부터 하지만 영혼의 시작점은 억겁의 세월 전에 있었기에 그 한줌에 연연하지 않는다.

아뢰야식에 함장된 억겁의 세월 간 쌓아온 데이터.
그것을 작은 손거울만한 거울(현재의식)로 비추느냐 안 비추느냐가 중요한 게 아니다.

알고는 싶을 것이다. 전지하고 전능하고 싶음을.
그러나 알지 못하기에 행할 수 있음이다.
알면 행하지 못하고 매뉴얼대로 하는 따라쟁이가 될 뿐.
언젠가는 지금 내가 번민하고 고통스러운 것조차 나의 보리심을 양육시키는 비료로써 역할을 했음을 알 것이다.
보리심을 결국 꽃으로 피어나게 하는 것은 나의 보리심에게 맡기는 것일 테다.

생사역천(生死逆天)은 다르마가 아닙니다

　－ 현재의식의 연장은 생과 사에 대한 집착이며, 불로불사는 현재의식을 연장하려고 하는 것이다. 석가모니께서는 불로불사를 추구하시지는 않았다. 다르마에 수순하는 삶을 사신 것이다.

　－ 중생에게 연기법은 고통이 고통을 낳는 윤회이나, 보살에게 연기법은 법륜이며 수행을 해서 깨달을 수 있는 가능성의 법칙이다.

　－ 의식은 아뢰야－진여자성이 보리심을 증광하려 세상에 나툰 아뢰야－진여 갈고리이며 그것 자체가 본유의 일부이며 본유의 자체이다. 인간의 삶이 짧음을 아쉬워하지 마라. 의식은 이 세상에 늘어뜨려 정보를 낚는 그물인 것이다. 의식의 갈고리를 다시 세팅하여 정보를 낚기 위한

보리심을 늘리기 위한 그물. 그 그물을 이 세상에 내려뜨리는 것이 윤회이다.

- 현재의식의 연속성·수행력을 잃기 싫어함, 불로불사의 추구는 의미가 다한 갈고리(의식)를 억지로 부여잡는 것이다.

- 나의 공력은 억겁 전부터 쌓아온 아뢰야의 심종자에 기반해 있기에 고작 현재의식의 갈고리에서 누적한 공력에 있지 않다. 이번 생애 쌓은 한줌의 공력에 연연하지 않는다.

필자에게 아모가바즈라(불공금강)께서 천 년이 지나 현신하여 누구에게 법을 전해주었다고 문의한 분이 계셨다.

석가모니께서는 연기의 법을 설하셔서 인연이 다하면 흩어지고 모이는 생멸이합의 진리를 설파하셨다. 인연에 따라 생하고 멸하고 흩어지고 합쳐지는 것이 흐름일진대, 법을 전한다고 영혼을 이루는 오온을 억지로 부여잡고 천 년이 지난 누군가에게 법을 전한다는 것은 밀교 스승님을 욕되게 하는 것이다.

다르마에 수순하는 것은 오온을 부여잡고 영혼을 유지하려고 하여 누군가에게 법을 전한다는 것과 거리가 있다. 죽은 이후의 인격을 유지하려고 하는 것은 현상계에서 굴러다니는 귀신들이 다르마의 바퀴를 거부하려고 하는 것을 말한다.

내 본유의 기준을 나에게 둘 것인가? 영혼에 둘 것인가? 아니면 불성에 둘 것인가에 따라 달라진다.

내가 쌓은 공력은 윤회의 파도에 흩어질 테지만, 공력의 에센스는 보리심을 증광하게 된다. 그리고 나는 새로운 그물(새로운 인격)을 짜서 이 세상에서 고기를 낚게 되지만, 나는 그물이 아니고 어부이기에 그물이 다해서 폐기(죽음)되어도 아쉽지 않다.

내가 이번 생애에 쌓은 한줌의 공력이 중요할까? 내가 끝없는 과거 생애에서 여태껏 쌓은 보리심의 심종자가 더 중요한 것일까?

생사역천(生死逆天)은 생과 사를 거스르는 것은 하늘을 거스르는 것이라는 한자이다.
생사를 피하고자 기운을 만들고, 의식체를 만드는 것이 수행의 기준점이 될 수 없다.

구멍을 열고 닫고, 눈을 깜빡거린다고…

차크라를 열어준다는 모임에 가신 분이 있었다. 제3의 눈을 개안해 준다고 하였다. 이하 말씀드린 내용 그대로 옮겨 본다. 글로 내용을 보강해서 적어보았다.

– 차크라는 몸의 부속기관이기에 몸이 열렸다 닫혔다 한다고 하여 영적인 격이 올라가지 않습니다. 항문 구멍을 조였다 풀었다 한들 몸이 건강해지는 효과는 기대되지만, 영격이 올라가지 않습니다. 다르게 말해 제3의 눈을 껌벅인다고 다양한 영적 세계를 볼 수 있을지언정 영적인 격이 올라가지 않습니다.

– 제3의 눈이 열림은 어떤 특정한 층차를 볼 수 있음인데, 의식

이 저급한 상태에 있을 경우 제3의 눈, 개안은 귀신부터 볼 가능성이 매우 큽니다. 자신의 의식 반영이 곧 차크라가 열려질 때 펼쳐지는 환(幻, illusion)으로 펼쳐지는 것입니다.

– 차크라의 층은 수없이 있습니다. 차크라는 13개 혹은 7개 등으로 말해지지만, 깊이 들어가면 차크라는 5개인 기 몸체도 있습니다. 더 고도로 극히 깊이 들어가면 차크라는 1개로 보입니다.

차크라 각성 시 여러 현상이 있는데, 예를 들어 층차가 낮은 단계의 가슴 차크라가 열려질 경우 모든 존재가 다 불쌍해 보이고, 연민이 느껴지고 사랑이 샘솟듯 느껴진다. 이를 능엄경의 50변마장에서는 '비마(悲魔)'라고도 한다.

능엄경의 50변마장 중의 '슬픔, 즉 비마가 들어 중생들을 불쌍히 여기고 눈물을 흘리거나 곤충을 보고 불쌍히 여긴다. 마음이 안온해지면 걷잡을 수 없는 기쁨, 즉 희마에 휩싸인다.' 이러한 마장에 들어간다.

그러나 고층차의 차크라가 열리면 가슴 차크라는 겉으로는 매우 냉정하면서도 타인을 도에 들게 하는 에너지를 발산하게 한다. (혜가 스님이 팔을 자를 때까지도 꿈쩍을 하지 않았던 달마대사는 인간적으로 냉정해 보이지만, 혜가 스님에게 말 한마디 함으로써 도에 들게 하였다. 일시적인 위안을 주는 따뜻함보다는 차갑지만 도의 길로 들어가게 하는 사랑이 근원적인 사랑이다.)

3번 차크라, 복부 차크라의 경우도 낮은 층이 열리면 몸에 기운이 돌지만, 고층차의 복부 차크라가 열리면 사회생활에 잘 적응하게 된다.

즉 사회생활을 잘 한다거나(3번 차크라), 반야지를 갖출 때(6번 차크라) 그 경지에 맞는 차크라가 깊은 층에서 각성하는 것이다. 몸이 건강하거나(3번 차크라) 영적인 세계를 보는 영안이 열리는 것(6번 차크라)은 우리가 생각하는 것보다 한참 낮은 단계의 각성일 수 있다.

각성을 하고 열고 닫고가 아닌, 이미 사회생활을 잘해서 물질계 운영을 잘하면 3번 차크라가 좋은 것이고, 실상을 바로 보는 반야지를 갖춘 경우 깊은 층차의 6번 차크라가 활성화된 것이다.

다양한 차원계를 넘나들면서 본다고 하는 게 6번 차크라의 각성으로 이해하는 게 일반적인 시각이다.

그러나 고층차의 차크라가 이미 각성이 된 상태에서 물질계에서 뚜렷이 구현되지 않을 수 있다. 이후 6번 차크라에 에너지가 고인다면 그 능력은 비주얼라이징(시각화)되어 고층차 리딩이 가능한 것이다.

- 일반인의 차크라가 자신의 의식수준에 맞는 귀신이나 보는 차크라라면, 회로 수행자는 깊은 수준의 차크라까지도 설계되어, 고성능의 차크라를 갖고 있다. 에너지가 고여서 능력을 발휘하느냐 안하느냐는 인연 따라서 생기는 일입니다.

– 반야지를 구비한 상태에서는 눈을 감고 초능력으로 소의 꼬리를 투시력으로 잡아서 소꼬리라고 말하지 않습니다. 눈 뜨고 그냥 생각만으로도 소꼬리라고 합니다.

사람들은 눈을 감고 초능력(능력을 초월함)으로 무언가 물질계에 에너지를 투사함을 높게 평가하지만, 눈을 뜨고 보는 것, 초(超)능력이 아닌 그냥 능력만으로도 사물을 알 수 있다.

진짜 각성자에게는 초(超)가 아닌 그냥 능력, 눈 달렸으니까 보는 것이다.

가치관과 영성

회원님이 군대 들어가시고 가치관이 정말 많이 달라졌다고 하신다. 와! 어른이 되시는구나 속으로 생각했습니다. 세상을 보는 관점이 다양하고 넓어짐은 좋은 것입니다.

하지만 회원님께 아래와 같이 말씀드렸습니다.

"가치관이 달라졌다고 해서 영격이 올라감은 차이가 있습니다. 예를 들어 동성애자 혐오론자, 동성애자는 죽어야 한다고 생각하는 이가 수행을 하면(수행이 제대로 되면) 그 가치관은 그대로 유지될 수 있습니다만, 동성애자를 볼 때의 감정적 반응, 극한 혐오심이 이전만큼 나오지 않을 수 있습니다. 가치관은 그대로이지만, 마음

의 케파(용량)가 커져 생각은 그대로이나 생각에 따른 마음의 반
응은 덜할 수 있습니다."

"가치관은 세상을 살아가면서 쓰는 도구이지, 어떤 가치관을 가
지고 있는가가 그 사람의 실질을 말할 수 있는 게 아니랍니다."

각자의 기준에 따라 옳고 그름은 존재합니다. 가치관에 의해 옳고
그름이 결정됩니다. 그러나 그것은 세상을 살아가는데 필요한, 존재가
존재임을 입증할 수 있는 유일한 증거이기도 합니다.

모든 존재는 각자의 제한된 정신 영역, 가치관에 의해 세상에 궤적
을 남기기 때문입니다.

무동도 가치관이 있고, 이에 따라 움직이면서 잘못되었다 여기면 가
만 안 있습니다. 그래서 회원님들과 가족들과 충돌이 있었습니다.
그럴 때마다 후회를 하고 반성을 합니다. 그러나 그렇지 않은 사람들
도 있음을 잘 압니다.

가치관을 초월하여 이 세상에서 초월적 존재로 유리된 존재로서 살
수 없습니다.
그러나 가치관을 내재하여 보다 큰 영역을 느끼면서 가치관으로 살
수 있습니다.

평범한 범인은 가치관이 그 존재의 전부입니다.

하지만 가치관 그 이상의 여백이 그 존재와 같이 움직이고 있음을 느끼는 존재도 있습니다. 그를 도인이라고 합니다.

평소 가치관에 맞지 않다고 강렬한 혐오를 투사하는 분이 수행을 하면 가치관은 그대로이지만, 마음은 다르게 반응할 수 있습니다.
가치관이 담겨 있는 현재의식과 그 현재의식을 뒷받침하는 무의식이 있는데, 무의식이 정화되면 현재의식의 생각은 희미해지거나 껍질만 남겨지기 때문입니다.

수행인, 도인의 에고는 마치 얇은 사과의 껍질과도 같으나, 일반인의 에고는 쓰디쓴 탱자나무의 껍질일 수 있습니다.

이것은 제 이야기를 토대로 말씀드린 것입니다. 허나 저도 몇 가지 부분을 건들면 무척이나 화내는 것이 있습니다. 공부방과 관련된 것이나 수행이라든가 이런 몇 가지 부분에 있어 매우 강렬한 반응을 하기도 했습니다.
하지만 나 스스로 에고 없이 살자고 말하는 사람은 아니기에 위선적인 사람은 아니라고 생각합니다. 이해의 폭이 넓어져가는 30대 남자일 뿐입니다.

분명한 것은 부정적 가치관이든, 염세주의자이든, 긍정성이 넘치는

활력이 있는 사람이든 우리가 보는 것은 '보이는' 것이고, 실질의 일부일 뿐입니다.

똑같은 에고, 똑같은 몸뚱이, 똑같은 영체의 구조라고 해도 영격은 다를 수 있다는 것입니다.

어떤 생각을 가지고 있느냐가 그 사람의 정보량의 크기(영격이라 함)와는 크게 관계가 없을 수 있음입니다. 그런 면에서 데이비드 홉킨스 박사의 의식측정에서는 의식의 수준을 현재의식의 가치관과 성격으로 구분하는 경향이 있어 그 사람의 성향으로 영격을 알 수 있다는 것은 한계가 있다는 것입니다. 예를 들어 500대 의식은 행복과 밝음인데, 사람이 늘 밝고 긍정적이지 않는다는 것을 감안하면 늘 행복한 정신이상자가 오히려 의식이 높다는 결론에 도달합니다.

자연적인 것이 영성적인가?

'자연적인 것 = 영성적인 것 = 영적으로 진화된 것'

전부다 아니다. 개념을 어떻게 짓느냐에 따라서 같을 수도 있고 다를 수도 있다.

좌공부적 관점에서 (기운)체크를 해보면 아프리카의 순수한 자연인 (문명 혜택을 받지 않는 자연인)이 꼭 영적으로 고도화된 존재는 아님을 알 수 있다. 동물의 수준처럼 살고 있는 원시인은 순박할지언정 정보량 이 동물보다 조금 많은 정보를 갖고 있을 정도이다. (기운으로 체크 시)

'자연적인 것 = 비문명적인 것 = 영적인 것'으로 이해하는 일반적인 이해로는 잘 이해가 안 될 수 있다.

대도시에 사는 분들이 정보량이 많다. 그러나 다 그렇지는 않다.

정보량의 케파(용량)가 작은 사람들이 현대문명 속에서 살아가는 경우 문명이 제공하는 것들에 집착하거나, 괴로워하거나, 정신병적 증세로 고생하는 경우가 많다.

질 높은 삶의 측면에서 소식하고 절제하는 것이 좋다. 그러나 애초부터 케파가 큰 사람들에게는 소식하고 절제하는 것이 꼭 삶의 질을 높여주는 방편이 되는 것이 아니다.

그들에게는 맛있는 것은 맛있는 것이고, 성적인 것도 즐거운 것이고, 스마트폰이 있어 편리할 뿐, 맛있는 게 인생의 전부가 아님을 몸으로 알고, 성적인 것이 즐겁지만 그것을 향해 질주하여 마약이나 성적인 범죄까지도 하지 않고, 편리한 문명의 이기를 알지만 스마트폰 중독도 되지 않는다.

소식과 절제와 자연추구는 그게 필요한 사람들이 있다. 현대문명의 대다수가 그게 필요한 사람들이기에 도덕이나 좋은 말씀이나, 윤리 등이 필요한 것이다.

소식과 절제와 자연추구가 영성적이라고 보는 사람들은 영적으로 고도로 진화된 이들이 쾌락주의자적 모습을 보인다면 타락했다고 볼 것이다.

자연적인 것, 영성적인 것, 영적으로 고도로 진화된 것 다 혼동해서 사용한다.

수행체계는 엄밀히 말하면 자연적인 것은 아니다.

선도만 하더라도 기운에 집중하고 인체 시스템을 기본적으로 알아야지 수행을 할 수 있고, 위빠사나나 명상은 호흡을 인위적으로 조절하면서 명상 상태로 들어가기도 한다.

북미 인디언들의 삶이 태평하고 삶의 여유가 있고 현대문명의 사람들이 배워야 할 것이 많더라도, 그들이 '수행'을 한 것은 아니다. 삶의 방식이 우리에게 시사하는 점이 클 뿐이다.

모든 것은 기운이고, 정보이고, 에너지이다.

자연기가 충만한 곳도 기운영으로 쓰이지만, 자연기의 레벨로는 잘 감지 안 되는 지명의 기운, 박물관의 기운, 부채라든가 금강저라든가 이러한 인위적 물품의 기운들도 있다. 정보의 밀집도가 높은 곳이면 영적으로 고도로 진화할 수 있는 여력이 크다. 특히 좌공부 수행자에게는 그렇다.

한국은 서양 문명의 혜택을 받으면서, 자연기가 응집된 곳들도 많고, 수행력이 응집된 사찰이 많아 수행하기에는 최적의 장소이다.

◇

◇

옷만 바꿔 입고 예뻐진다고 여긴답니다

간절히 바라면 온 우주가 도와준다, 그런 기운이 온다. 세계사를 보면 다양한 난이 있었죠. 태평천국의 난, 동학농민 봉기 등. 난이 아니더라도 정치지도자의 장미빛 환상에 추종하여 유토피아를 건설하고자 하는 수많은 시도들이 있었습니다.

박근혜 대통령이 영성계에서 자주 보이는 '시크릿류'와 '신정정치', '영적정치' 등의 모습이 보이는 게 시사하는 바가 큽니다.

생각과 사상으로는 사람을 바꿀 수가 없다는 것을 알게 됩니다.

오장육부가 동일하게 사람의 형체는 다 똑같고, 정신작용도 다 똑같은 인간이지만, 내용물은 다릅니다. 담긴 정보가 다르고 정신의 구조가 다르고 정신구조에 얼음처럼 껴있는 무형의 카르마도 다릅니다. 배우 이영애의 피부가 좋지만 맑은 피부와 영성은 아무런 관계가 없습니다.

여태껏 수많은 변화의 시도가 실패했던 것은 그것이 국가의 변화이든, 개인의 변화이든 간에 그러한 변화가 실패했던 것은 아래의 비유를 보시면 쉽게 이해가 될 것입니다.

더러운 사람이 샤워를 해서 더러운 각질과 노폐물을 씻어내지는 않고 옷만 바꿔 입고 깨끗하다고 여기는 것입니다. 여기서 옷은 '생각과 사상'이고 몸에 쌓인 노폐물은 '카르마'입니다.

카르마가 있든 없든 간에 우리는 공통의 하드웨어인 육체와 공통의 소프트웨어인 인간 정신구조를 동일하게 갖고 있기에 카르마가 없는 이더라도 동일한 욕망의 작용기제와 동일한 사고의 패턴은 갖고 있습니다.

즉 보이는 것은 같으나 내용은 다르다는 것입니다.

문제는 서로들 모른다는 것입니다. 내가 더러운지, 상대가 더러운지….
내용을 모르고 옷만 갈아입고 서로 깨끗하다고 여기는 것입니다.

최제우가 동학을 창시할 때, 분명 어떠한 영적인 계시가 있었다고 보이며, 그분 역시 영격이 높은 분으로 추정됩니다. 동학의 교리는 '그 경지에 도달한 이'에게는 그 사람 자체이긴 하지만 그 경지에 도달하지 못한 이에게는 '사상'이자 '생각'인 것입니다.

내용을 바꿔놓지는 못하고 옷만 갈아입으면 새 사람이 된다는 것이 여태껏 종교, 사상, 철학, 영성에서 말했던 내용입니다.

모습은 똑같습니다.

수행이 진전된 사람이나 수행이 진전 안 된 보통의 사람들이나 보이는 것은 같습니다.

진전된 사람도 오줌 마려우면 싸야 합니다. 성욕이라는 것도 내재된 코드와 같은 것이기에 있는 것을 없는 것처럼 여길 수도 없는 것입니다. 정신과 육체는 인간이라는 공통구조에서 움직이기에 메커니즘은 같습니다.

그러나 내용이 다릅니다.

영성계와 수행계의 흐름을 보세요.

생각을 바꾼다고 여러 계명을 외우길 권하고, 좋은 말씀 법문 듣는다고 하고, 혹은 개운법이나 행운을 불러일으키는 행운문양이나 주술을 원하기도 합니다.

저는 내용을 바꿔놓는 것에 흥미를 느낍니다. 저도 눈치 채기 어렵고, 당사자도 눈치 채기 어렵지만, 생각과 감정과 논리의 배경이 되는 그 무언가를 바꿔놓는 것에 흥미를 느낀답니다.

박근혜처럼 좋은 말씀하실 분들은 많습니다. (간절히 바라면 온 우주가 도와준다고 하는 말 얼마나 좋습니까?) 앞으로도 많으실 것이기에 무동도 거기에 더 얹히긴 싫습니다.

◇

◇

하늘거리는 연약한 꽃은 강철보다 무거운
지구와 연결되어 있다

가치관과 영성 = 가치관이 영성적인 것이 아니다.

자연적인 것이 영성적인가? = 자연적인 것이 영성적인 것이 아니다.

옷만 바꿔 입고 예뻐진다고 여긴다. = 사상이나 신조가 영성적인 것
이 아니다.

*　　*　　*

카페에 다양한 '힐링' 세션과 3박 4일 집중수련 강좌, 영성 콘서트 등
이 홍보글로 있습니다. 일반적으로 내면을 바꾼다는 것은 보는 관점을
다르게 바꾼다는 정도로 이해됩니다.

가치관과 영성이라는 글에서 보듯, 가치관은 그대로인데 마음의 반응이 낮아지는 경우가 있습니다.

우리가 20대일 때를 상기해봅시다. 작은 문제인 것 같은데 그 당시에는 크게만 느껴졌고, 이 세상에서 스스로가 제일 불쌍하게 생각되었고, 제일 힘든 사람으로만 생각했습니다. 40대와 50대일 때의 여러분은 그때를 생각하면 그때의 고민과 열정이 지금의 넉넉한 마음의 기반이 되었을 것이라 느낄 것입니다.

20대에게 40대의 관점과 50대의 인생관을 이야기함은 설교라고 느끼는 것입니다.

우리의 영성은 수많은 윤회 속에서 정보량이 누적되어갈 때 성숙되어가는 것이며, 현대의 '힐링'이라는 것은 이미 나아간 사람이 나아갔던 과정을 말해주는 것입니다. 그 사람이 나가게 해주는 것은 아니라는 것입니다.

집중 수련한다고 하여 며칠 만에 집에 돌아오면, 힐링콘서트에 다녀오면 다시 세속과의 전투를 시작합니다.

마음은 분주해지고 흔들립니다. 힐링 콘서트에서 백만장자가 영성세션 강의를 하는 것에 감동하고, 비행기 타고 전 세계를 일주하면서 돈을 거둬들이는 영성 힐링 마스터의 한마디에 감동합니다. 그들이 확

보한 영성이라는 것은 의식주부터 해결한 뒤에 누리는 사치품 같은 것입니다.

우리는 사치품 같은 그 영성이 그 강의말씀만 듣고서 자기 것인 냥 착각하지만, 진짜 영성은 20대가 40대가 되면 느끼는 마음의 안정감과 같이 '때'가 되어야 감득이 가능한 것입니다.

제게 많은 사람들이 물어봅니다.

"어떻게 하면 여여해질까요?"

존재는 이 우주의 무게만큼 무거워지고 있습니다. 마음의 무게가 무거워지면, 오뚝이처럼 흔들리지만 흔들리는 척할 뿐, 넘어지지 않습니다. 흔들려도 여여하고 불안해도 여여합니다.

여여함은 아무런 외부 자극이 없는 상태에서 마음이 일시적으로 쉬고 있는 데서 있는 것이 아닙니다. 외부자극이 있어도 반응하지 않는 것이 아니라, 반응해도 오염되지 않고 넘어지지 않고, 그냥 겪어내는 것일 뿐입니다.

강의 때 이런 이야기를 했습니다.

눈은 보고자 하는 의지가 구체화된 것이고, 귀는 소리를 듣고자 하는 의지가 구체화된 것이라고요.

이것은 불교 유식학에서 말하는 안식(눈의 의식), 이식(귀의 의식)을 말한 것입니다. 심주이신 대일여래가 자신의 공능을 이 우주에 전개하여 모든 불보살과 천부의 신이 출생하듯, 여러분의 마음자리에서 님이 님이 되도록 형상화하여 모든 공능이 만다라로 구현하여 인체의 좌가 형성되는 것이랍니다. 체험하고자 하는 문이 온몸에 구현되어 있는데, 이 문을 통해 영적인 진화가 가속화될 수 있음에도 들음에, 보고 있음에, 느끼고 있음을 닫아놓으려고 합니다.

이 미세한 의지의 흐름이 기운의 흐름으로 나와 볼펜을 쥐어주면 스스로를 완전하게 합니다.

여러분이 여러분이게끔 하는 그 흐름이 스스로를 제도화하는 것인데, 이 흐름이 가속화되면 인생의 흐름이 평탄해지는 흐름이 나옵니다.

이혼을 세 번하고 네 번하고 사업은 망하고 가정불화를 수도 없이 겪어야 남자를 그냥 남자, 여자를 그냥 여자로 보는 경지에 도달할 수 있습니다. 남자를 겪을 만큼 겪고, 여자를 겪을 만큼 겪어 그놈이 그놈이라는 이효리의 명언이 나오는 것입니다.

그러나 기운의 흐름이 나와 제도화되는 경지에서는 과거정리, 현재제도, 미래설계의 흐름이 나와 자연스럽게 자신이 완전하게 되어 갑니다. 그때는 남자나 여자에 대해 집착을 해도 즐거움이고 집착하지 않아도 혼자서도 완전함입니다. 이혼이나 연애를 수도 없이 할 필요 없어요.

마음공부는 지금 내 마음이 흐르는 흐름을 관찰해서도 할 수 있지만 실은 마음 자체의 흐름은 수많은 적층의 무의식들이 반영된 것입니다. 줄기, 뿌리 위에 붙은 하늘거리는 꽃처럼, 흔들리는 것이 마음인데, 그 마음의 기반은 수많은 적층의 무의식들입니다.

이 무의식이 완전해지는 설계가 진행될 때, 흔들리는 꽃은 이유가 있어서 흔들리는 것이고, 목적을 띄게 되는 것입니다.

이것을 다르마에 따르는 것이라 합니다.

내가 하고 싶은 대로 하여도 이유가 있어서 하는 것이고 목적을 띄는 것이기에 나는 그냥 하는 것이라는 믿음.

채식주의자가 영성인이 아니고, 사회적 기업가들이 영성인이 아니고, 몸 건강하게 해주고 스트레스 풀어주는 사람이 영성인이 아니라는 것이 이제 이해가 될 것입니다.

개인적으로는 채식주의자, 사회적 기업가, 힐링 마스터들이 이 세상에 기여하고 있음을 부정하는 것이 아닙니다. 그러나 금강연화원에서는 영성이라고 함은 그냥 겪어내는 것, 그 이상도 그 이하도 아니라는 것만 알아주셨으면 합니다.

◇

◇

수행의 엘리트

주천이 돌아가고, 임독맥이 개통되고, 아즈나 차크라가 열리고 천사 소환을 하는 목적을 가지고 수행할 수 있습니다. 입문하시는 분들께 왜 수행하고 싶은지 여쭈어보면 대체적으로 깨닫고 싶어서라거나 제3의 눈을 열고 싶다고들 말씀하십니다. 그럼 왜 깨닫고 싶은지 또 물어보면 윤회를 벗어난다거나, 초월하고 싶어서라고도 합니다.

그럼 입문하시는 분들께 정정해서 말씀드립니다.

"마음이 불편해서 입문하시는 것이지, 깨달음? 초월? 그건 님이 책 보고 어디서 들은 것을 말씀하시는 것 아닌가요?"

깨달음은 우리가 모르는 것입니다. 그러나 내 마음의 불편함은 알고 있는 것입니다.

"우리는 아는 것을 잡고 가야지, 모르는 것을 잡고 갈 수 없습니다."

이렇게 보통 말씀드립니다.

라즈니쉬, 마하리쉬, 법정스님, 혜민 스님과 같은 분들이 말씀하신 내용은 사실 그분들이 처한 환경에서 나온 말씀들입니다. 생계 걱정 안하고, 맺는 인간관계는 도반이나 시주자와 같은 제한적인 상태에서 오로지 깨달음만 추구하시는 '주옥같은 말씀'들이니, 에고 많은 중생들은 자신들이 모르는 것을 개념화하여 그 개념에 자신을 맞춰갑니다.

내가 지금 처한 환경을 부정하고 자신을 부정하는 것부터 시작하여 정체모를 진아나 깨달음부터 찾으니 어디에 내공이 쌓일 것이며, 수행력이 쌓이겠는지요?

돌멩이 작은 것 하나가 물 컵에 떨어지면 더러워 보이나, 바다에 떨어지면 물고기의 안식처가 될 수도 있습니다. 에너지장이 거대해짐은 의식이 광대해지는 것과 같으며, 의식이 광대해지면, 검은색은 흰색을 더럽히는 색깔이 아닌, 흰색과 검은색과 다른 색이 모두 짜인 화려한 만다라처럼 되어갑니다.

다수 회원님들의 말씀에 의하면 이 수행을 하게 되면서 힘든 객관적 현상은 동일하고, 마음의 번민은 현실적 조건 하에서 있을 수밖에 없으나, 무언가 내적인 변화가 있어 이전처럼 존재가 뿌리째 흔들리고 좌절하는 게 없다고들 합니다.

꼬집으면 아프고, 슬프면 눈물 흘립니다.

인성(人性)은 있으나, 심주(마음의 기둥)가 흔들리지는 않습니다.

꽃이 피기까지 뿌리가 땅에 잘 박혀 있고 줄기는 튼튼하며 잎사귀는 무성할 때 그 정화로 꽃봉오리가 맺혀 꽃이 개화됩니다. 영성을 꽃이라고 하면 그 이외의 시스템이 잘 구축되어야 마지막 정화로 그 꽃이 피어나는 것입니다.

우리는 꽃을 피우려고만 합니다. 뿌리는 썩고 줄기는 시들한데 꽃이 피라고 고사도 지내보고 고차원 존재도 불러보고, 좋은 기운도 쐬어 보려고 합니다.

존재는 존재하기에 그 이유가 있는 것이지 깨달으려고 존재하지 않습니다.

영성이라는 것은 존재가 존재의 이유를 다할 때에 언제인가는 맺히는 것입니다. 꽃이 맺히기 위해 뿌리와 줄기가 번성하는 게 아니라, 식물이 성숙해지니 그 존재가 스스로의 존재를 입증하니 꽃이 맺히는 것입니다.

지금의 자신이 초라하여 뭔가 있어 보이는 깨달음과 영성을 부여잡고 도 닦으려고 하나, 그것은 실질과 거리가 있는 것입니다.

가끔 이런 이야기를 합니다.

"상근기는 몰라도 갈 수 있고,
중근기는 알아야 갈 수 있고,
하근기는 알아도 가지 못한다."

예수님은 십자가에 못 박히기 전에 피땀을 흘렸다고 합니다. 십자가에 못 박힘은 알았지만, 그것이 영생임을 알고 또 부활까지 할 것이라는 것까지 알고서 피땀을 흘리셨을까요? 피땀이라는 것은 극도의 스트레스를 받으면 나오는 생리적 현상입니다.

석가모니께서는 6년의 수행 끝에 우유죽을 먹고 기운을 차리셨는데, 우유죽을 먹고 그동안 수행한 수행력이 사라질 것이라는 일말의 두려움은 없었을까요? 6년 동안 피골이 상접할 정도의 극도의 고행 끝에 우유죽을 드셨을 때, 같이 수행한 도반들은 그를 타락했다고 비난하였습니다.

예수님 그리고 석가모니께서는 모르지만, 나아가신 분들입니다.

저는 수행의 엘리트는 좋아서 수행하는 것이라고 봅니다. 어떠한 이유를 붙이는 것은 그냥 심심하니 이유를 붙이는 것이지 본질적으로 내면에서 당기는 것에 그 이유를 붙일 수 없다고 봅니다.

꽃을 피우기 위해 뿌리가 있는 것도 아니고 줄기가 있는 것도 아닙니다.

동작이 나오는 것에 비유해서 말씀드리면, 동작에 이유를 붙이지 않아도 그냥 나오는 것처럼 행(行)이 먼저 나오는 것이며, 이유는 붙이기 나름인 것입니다.

그것이 금강경에 나오는 응무소주 이생기심의 심법입니다.

나의 마음은 어디로 갈지 모르고, 또한 나의 마음이 움직이는 것은 내가 설정한 목적대로 가는 것은 아니지만, 나의 마음과 동작의 흐름이 일치할 때 그것을 여의라고 합니다.

동작으로 회로를 할 때 어디로 갈지 모르듯, 나의 존재 자체가 근원이 쓰는 볼펜자루임을 알 때 응무소주 이생기심이 되는 것입니다.

반야의 장

- 네오부디즘, 삼매 속의 바보와 무능력한 달변가

삼매와 지혜는 깨달음으로 가는 두 개의 바퀴와 같다. 하나의 바퀴가 없으면 나아갈 수 없듯이 삼매와 지혜는 같이 가야 한다. 삼매를 중시하면 통찰지가 없으며, 통찰지만 중시하면 삼매(힘)가 없게 된다.

지혜가 있지만 힘이 없으면 베풀어주고 싶어도 돈이 없어 베풀지 못하는 거지와 같고, 힘이 있고 지혜가 없으면 일신의 마음의 평안은 얻을지언정 타인을 도와주려 하지 않는 재벌가와도 같다.

본장에서는 1200년 전 티베트에도 있었던 흐름이 지금에도 있음을 말한다. 본장을 통해 독자들이 어떠한 흐름에 있었는지 사유하게 되는 기회가 되었으면 한다.

1200년 전부터 벌어진 논쟁

8세기말 인도와 중국 사이에 있는 티베트에선 인도의 초기불교와 중국의 선불교가 격돌하고 있었다. 선불교는 인도불교보다 늦게 진출했지만 "견성(깨달음)이 곧 성불"이라는 선불교 '돈오 사상'은 엄청난 매혹을 지녀 티베트에서 큰 반향을 불러 일으켰다. 선승 마하연은 왕비까지 포교해 중국의 선불교는 왕비의 후원을 받으며 급격히 번성하고 있었다. 마하연은 "몸과 말의 법행(法行·진실한 행동)이 필요치 않다. 신구(身口·몸과 말)의 선업(善業·착한 일)에 의해서는 성불하지 못한다. 불사(不思·생각하지 않음)와 부작의(不作意·대상에 대한 마음의 작용을 하지 않음)를 닦음으로써 성불한다"는 가르침을 펼쳤다. 좋은 일 많이 한다고 성불하는 게 아니고, 분별없이 생각을 쉬어 무념에 들어가야 성불한다는 것이다. '단박에 부처가 된다'는 이런 가르침은 보시, 지계(계율을 지킴), 인욕(참음), 정진, 선정, 반야(지혜) 등 육바라밀 수행을 통해 성불로 나아가는 인도불교의 가르침과 상반되는 것이었다. 선불교로 인해 기존의 수행 체계가 허물어질 위기에 놓여 왕이 이를 금하려하자 중국의 선승들은 자해와 자살을 감행하며 이에 항거했다. 그러자 왕은 자신과 수많은 스님, 대중들 앞에서 양쪽이 삼예사에서 논쟁을 벌이도록 하고, 논리가 수승한 쪽에게 논리가 부족한 쪽이 교만을 버리고 법답게 꽃다발을 바치도록 했다. 그래서 인도불교의 대표적인 까말라씰라와 중국의 선사 마하연이 논쟁을 벌였다.

8세기 티베트서 참패한 '단박에 깨쳐 부처되기' – 한겨레 기사 중 일부

중국 선종의 마하연 대사는 단박에 깨치면 불지에 도달하기에 보살행과 육바라밀을 굳이 할 필요가 없다는 논거를 들었으며, 마음을 분별없이 유지하면 그것이 성불이라고 주장한다. 이에 인도의 까말라씰라는 술 취한 사람과 잠을 자는 사람도 분별이 없는데, 그걸 성불이라 할 수 있겠느냐고 반박한다. 일체의 사고 작용을 정지하는 것은 여실히 관찰하는 반야를 포기하는 것이고, 사고 작용이 없다는 것 즉 무분별의 경지만 들어가도 해탈한다는 것은 기절과 만취와 혼절의 의식상태도 해탈이라고 할 수 있는 오류를 범한다고 한다.

이와 같은 논쟁을 이해하게 되면 영성계의 주요한 트렌드를 알 수 있게 된다.

양자역학을 언급하면서 의식이 고정됨이 없으니 카르마는 당연히 고

정되어 있지 않다고 말하는 견해가 있다. 이 견해가 더 나아가면 밀법을 굳이 요란스럽게 진언 외고, 수인 맺고, 관상하는 게 왜 필요한가? 그냥 내 마음이 부처이고, 내 마음이 깨달음이고, 내 마음이 근원이고, 내 마음이 사랑이기 때문에 내 마음에 따라 모든 것이 현현하니 그것이 곧 일체유심조라고 말한다.

그러한 관점에서 이 수행(좌공부를 말함, 좌공부 이외에도 밀교수행이나 다른 수행방법도 포함)을 바라보면, 동그라미를 그려서 동작을 한다고 하거나, 기운영을 한다고 해서 스스로 깨달아지는지 반문을 하게 된다.

중국 마하연의 관점은 마음만 깨달으면 되었지 보살행은 왜 하며, 육바라밀행은 과연 필요한가라는 관점이었기에 좌공부에 대해서 소위 '마음'쪽에 계신 분들이 갖는 비판적 관점과 동일하다 할 수 있다.

그분들 입장에서는 마음 자체를 붙잡고 그 마음 가지고 바로 해결 보고자 하는 것은 어떻게 보면 깨달으면 마음에 수많은 심종자(心種子)가 일거에 소멸된다고 믿기에 마음 가지고 열심히 승부를 보려고 한 것이다.

그러나 마음은 수많은 에너지가 교차된 것이며, 아직 피어나지 않은 잠재태인 심종자가 조건을 못 만나 마음이 쉬고 있는 것이기에 수많은 에너지의 교차 위에서 부상한 마음보다는, 에너지를 정리함으로 인해 마음이 부처의 마음으로 달라진다는 것이라는 견해도 있다. 이것이 인

도 탄트라적인 입장이고, 티베트의 까말라실라의 입장이고 무동금강의
입장이기도 하다.

집이 거추장스러우니 집을 밀어버리자는 결론 즉 마음, 공, 깨달음
을 강조하는 쪽이 선불교 및 현대의 마음 수행자의 입장이라면, 집이
초가집이니 집을 구성하는 것을 바꿔서 기와집, 3층집, 대저택 등으로
바꾸자는 것이 인도 탄트라적 대승불교 및 현대의 에너지적인 단계를
강조하는 부류라고 할 수 있다.

아래는 1200년 전의 중국 마하연 대사의 관점과도 닿아 있고, 현재
한국 불교의 주류인 선불교를 따르는 입장이며, 양자역학을 마음공부
에 자주 인용하는 분들의 글이다.

카르마는 모든 존재의 의식의 산물이죠.
인과의 법칙 또한 이와 같습니다.
자신들 각자가 이 물질계인 현실의 삶에서
겪는 모든 체험과 경험은, 카르마나 인과응보에
의한 것이 아니라 자신의 의식에 의한 것입니다.

*   *   *

그게 전체일까?
그것으로 삶이 달라졌을까?

그래서 온전할까?

그러면 소니사 창립하고 죽었으면 또 어디선가 환생했는데 그건 안
올라오네요?
환생으로 따져나가면 원인 없는 결과 없습니다.
전체를 보면 하나의 인물만을 따지는 건 옳다가 아닙니다.
극히 일부분일 뿐인 부분으로 이러한 생각의 결과가 나온다면 틀린
답인 것 같습니다.

　다 동일한 마인드에서 비롯되는 말들이다. 카르마나 인과응보도 다
마음 따라 가는 것이고, 전생이나 에너지 추적은 전부 마음의 장난이
자 환영인데, 그걸 알아서 달라졌느냐는 질문이며, 전체나 근원적 관점
에서는 에너지를 말함은 그냥 하나의 단계인데 그게 의미가 있느냐는
것이다.

　그러나 아쉽게도,

　성자들은 징검다리를 건너서 가셨는데 우리는 징검다리 건너에서 마
음과 깨달음을 말하시는 성자님들의 손짓을 보고, 징검다리가 아닌 물
을 첨벙첨벙 걷고 있다. (징검다리 = 보살행, 육바라밀, 에너지 수행, 기타
방편적 의미를 띄는 수행)

그분들이 설한 심법의 경지는 말 그대로 깨달은 자의 마음의 경지이기 때문에, 고통에서 헤매는 중생들이 마음만 바꾸면 고에서 해방되는 것을 설하는 것이지, 인과응보가 없다거나 카르마가 없다는 것을 설하는 것이 아니다.

영성계, 수행계의 불교색이 가미된 트렌드

카르마는

모든 존재의 의식의 산물이죠.

인과의 법칙 또한 이와 같습니다.

자신들 각자가 이 물질계인 현실의 삶에서

겪는 모든 체험과 경험은, 카르마나 인과응보에

의한 것이 아니라 자신의 의식에 의한 것입니다.

그게 전체일까?

그것으로 삶이 달라졌을까?

그래서 온전할까?

그러면 소니사 창립하고 죽었으면 또 어디선가 환생했는데 그건 안 올라오네요?

환생으로 따져나가면 원인 없는 결과 없습니다.

전체를 보면 하나의 인물만을 따지는 건 옳다가 아닙니다.

극히 일부분일 뿐인 부분으로 이러한 생각의 결과가 나온다면 틀린 답인 것 같습니다.

위 댓글들은 무동금강이 올린 전생 글에 대한 댓글들이다.

위 글의 기본 논점은 이렇다. 모든 것은 마음 따라 흘러가고(첫 번째와 두 번째 댓글), 인과의 그물은 끝없이 이어지니, 전생 하나만 가지고 사물을 알 수 없다. (세 번째 댓글).

자신의 의식에 따라 만물이 펼쳐진다는 말은 좋은 말이다. 그러나 거지도 재벌을 꿈꾸고, 서구의 마인드 트레이닝의 기법에 따라 수도 없이 마음으로 창조를 해도 현실은 백수이고 돈 한 푼 없는 사람도 많다.

위의 분들에게 너의 아버지와 어머니가 누구냐고 물어보면 '인연법'에 의해 아버지의 씨앗과 어머니의 태를 빌려 태어난 나는 인연 없음의 공성을 띤 존재이다. 두 분은 나의 어머니와 아버지가 아닌 그분들 역시 공성을 띤 연기적 존재라고 말할 것이다.

전생리딩에 대한 부정적 입장은 이러한 불교색이 가미된 영성 트렌드에 기반해 있다.

어머니를 어머니라고 부르지 못하고, 아버지를 아버지라고 부르지 못하는 것이다. 원인을 원인이라 부르지 못한다.

실험실에서 새로운(?) 품종을 창조해낸다. 뿌리는 감자, 열매는 토마토를 생산하는 작물을 개발했다고 하면 분명 새로워 보이는 것이 창조되었다고 말하지, 공성 어쩌구저쩌구 하지는 않는다.

그러나 창조라는 이름을 붙이긴 하지만, 새로운 품종 역시 아예 새로운 것은 없다. 기존 인연의 연장선에서 즉 토마토와 감자라는 기존 재료를 통해 다른 인연(과학자의 손길, 아이디어)을 만나기에 그것 역시 인연법의 결과이다.

창조설이 틀린 것은 인연의 법칙을 무시하기 때문이지만, 동시에 인연설을 절대적으로 밀어붙이면 제 1원인을 무한정으로 소급해 원인이 없다는 이상한 결론에 도달하게 된다.

예를 들어 살인행위는 그 행위를 가지고 살인이라고 규정해야지, 위의 세 번째 댓글 '전체를 보면 하나의 인물만을 따지는 건 옳다가 아닙니다. 극히 일부분일 뿐인 부분으로 이러한 생각의 결과가 나온다면 틀린 답인 것 같습니다' 이러한 견해를 취하게 되면, 살인행위는 살인이 아닌 것이 된다.

석가모니께서 언급해주신 인연법과 공성과 반야는 중생의 무지를 깨우쳐주기 위함이었지만, 공을 좋아하는 일부의 똑똑한 바보들에 의해 지금 눈에 보이는 것을 눈에 안 보이는 철학적인 마음의 문제로 치환되었다.

마음의 문제로 볼 수도 있지만, 현상은 현상대로 보는 것이 반야지인 것이다.

영성계, 수행계의 시크릿류가 가미된 트렌드

회로를 시작한 회원님들의 회로를 보면 주술성이 가득 보이는 경우가 심심치 않게 보인다.

평생 고기 안 먹어본 사람이 고기 맛을 보고 계속 폭식해서 몸을 버리는 것보다 천천히 고기 맛을 보게 하고 집착심이 안 들게끔 잘 식단 관리하는 것처럼, 회로에 주술성이 보이더라도 허용하는 듯하면서도 섬세하게 제어해야 한다.

우리의 의식은 깊은 층에서 정보를 모으게끔 다양한 체험을 유도해 낸다. 에고는 갈고리라고 표현했듯, 특정한 에고는 특정한 정보를 모으게 되어 있다. 새우를 잡을 수 있는 어망의 그물과 고등어를 잡을 수 있는 어망의 그물이 다르듯, 에고는 특정한 정보를 모으기 위해 심주(心柱)가 설정한 갈고리이다. (심주: 마음의 본체, 영핵(靈核), 0-코어라고 부르는 인간의 내밀한 영적 본체)

이 0-코어가 만족하지 못할 때, 그 갈망함이 폭주하여 영성계를 전전하는 체험을 하게 된다. 피라미드, 오르곤나이트도 사고 싶고, 풍요 문양의 히란야도 사보고, 특정 에너지가 세팅된 물도 먹어보고, 에너지 발생장치도 한번 사보고, 좋은 기운이 난다는 만다라 액자도 사보고, 모양이 다 다른 광물 원석도 사본다.

단체도 제각각 바꿔가면서 다녀본다. 물욕과 성욕이 강한 스승들한 테 좀 데여보기도 하고, 조직성이 강한 단체에 함몰되어 '자ㅇ선ㄱ' 같 은 곳이나 종교조직에 몸을 담아 본다.

'자ㅇ선ㄱ' 이런 곳에서 데여서 나온 분들이 다시 찾아들어가는 수행 단체가 과연 그보다 더 낫다는 보장이 있을까?

박근혜를 뽑았던 사람들이 박근혜의 탄핵이 구체화되니 반기문에게 쏠렸다. 박근혜의 본질을 모르고 그녀를 택했던 눈이 박근혜가 탄핵되 자 더 좋은 안목을 가지고 반기문을 지지했을까?

정보를 모으는 에고의 갈고리는 영핵, 영코어, 심주가 만족하지 못하 여 끝없는 체험의 수레바퀴 속에서 굴러간다. 지나치게 목마른 나머지, 갈구함이 지나친 나머지, 본능으로 순수하게 하는 수행조차도 이제껏 지금까지 해왔던 방식으로 오르곤나이트 종류별로 사는 마음으로, 피라미드를 다양하게 사보는 마음으로, 원석을 종류별로 모양마다 제각각 다른 효과를 기대했던 마음으로 접근한다.

수행을 더럽게 한다고 말한 적이 있다. 수행을 더럽게 한다는 말이 잘 이해가 안 갔을 것이다.

해보지도 않을 거면서 궁금하다고 하거나, 한두 번 해보고 효과가 없다고 하고, 효과 찾아서 좀 더 센 기운을 찾아다니는 분들이 그렇다.

너무도 만족하지 못하여 '수단'만을 찾거나, '주술'만을 찾거나, '효과'만을 찾는 경우는 슬프기도 한 케이스이다.

회로가 나오는 의식의 층차는 여러 층차에서 나오게 된다. 그 중에서 수단, 주술을 갈구함을 드러내는 회로들이 보이는데, 이것도 필요한 회로라고 본다. 워낙 배고팠으니까. 배고픈 회로들은 허용하면서도 소각하라고 말씀드린다.

의식의 포커스가 수단성, 주술성이 강한 경우를 시크릿류라고도 한다. 서구의 소원성취 비법인 시크릿이 세계적인 히트를 쳤으나, 시크릿 따라 한다고 되는 사람은 드문 것으로 안다. 이러한 주술성이 강한 분들은 전생리딩, 수맥, 기 나오는 제품 등에 의식이 쏠려 있다.

회로공부가 술적인 요소가 강하지만, 이런 공부에서 이들은 오래 있지 못한다. 영기장 그리기, 사무처리나 동작으로 체크하기, 기운을 조정하는 것이나 전부 시크릿류를 찾는 사람들에게 흥미를 당기게 하는 요소이다.

그분들이 오래 있지 못하고 나가는 것은 이 공부가 형식은 '술'이지만 성취의 영역은 0-코어의 내밀한 영역이기에 술에 포커스를 두면 회의 감을 느껴 나갈 수밖에 없음이다.

◇

◇

두 가지 흐름 당신은 어디에

두 가지 흐름이 있다.

모든 것은 전생 놀이, 기운이 이상해서 문제가 생긴다, 모든 것은 너
와 나의 업이니 이것을 풀어내려면 좋은 에너지를 받고 원한은 풀어야
하며, 원한을 풀어야 하니 굿도 하고 에너지 부적도 써보고 능력자도
찾아가봐야 한다.

이러한 흐름을 주술놀이, 영성과 영성과학(신과학)을 빙자한 현대판
무속놀이라 부른다.

다른 하나의 흐름은 모든 것은 근원이고 사랑이니 포용해야 한다.
깨달음을 향해 달려가 보자. 열심히 수행도 하고 깨달음을 갈구하며

스승님들의 좋은 책들을 본다. 블로그에 가보면 빛이 그려진 이미지이나 태양 이미지, 산들거리는 나무 이미지를 걸어놓고 음악도 참 심심하게 틀어놓는다. 본문스크랩 글들이 많은 특징이 있다. 라즈니쉬, 마하리쉬 경전에서 따온 이야기는 덤으로 올린다. 자기 이야기보다 남의 이야기, 성자님들 말씀이 많다는 특징이 있다.

첫 번째 흐름은 모든 것을 도구적 사고방식으로 이해하는 이상 수행조차도 내 일신의 평안, 흔들리는 일상을 바로잡기 위한 도구로 여긴다.

돈 벌기 위한 부적, 시크릿, 염을 현실화하는 것.

문제적 상황은 문제의 '원인'을 드러내서 균형점을 찾아가기 위한 흐름에서 발생한다.

'왔다! 장보리'라는 드라마를 보면 악녀 연민정은 장보리의 출생의 비밀을 감추기 위해 애를 쓴다.

문제가 드러나서 일시적으로 연민정이 불리하면 문제를 막기 위해서 거짓말도 쓰고 술수도 부리면서 문제를 해결하는 것에 집중한다. 자신의 불안함은 거짓이 늘어날수록 더해가며 문제를 막기 위해서라면 갖은 애를 쓴다.

자신이 감춰놓은 것이 드러나서 혼을 맞고 마음의 평안을 찾는 것보다 거짓을 더하고 더하고 더해서 감추면서 문제를 해결한 듯이 보인다.

첫 번째 흐름에서는 카르마가 드러남을 자신 욕망의 기준대로 보아 어떻게든 피하고, 막고, 돌려막고, 은폐하는 갖은 주술적 방법을 동원한다. 왜냐면 그들 입장에서는 '카르마'는 해결해야 할 문제이기 때문이다.

그러나 카르마가 부상함은 생명이 무거운 것을 떨어뜨려 내려는 흐름에서 작동하기에 이 흐름에 온전히 맡겨 카르마에 몰입하는 것이 진정한 영적 진화의 시작이다.

주술적 돌려막기로 치중하는 것은 수행계, 영성계도 별반 다를 게 없다. 현실에서 드라마의 악녀가 엿듣기 신공, 가로채기 신공, 험담하기 신공을 하듯, 영성계에서는 내면의 소리를 빙자한 채널링 신공, 풍요 에너지 흡입하기 신공, 나쁜(?) 에너지 때려잡기 신공을 쓴다.

채널링, 부를 부르는 부적, 퇴마 굿 등이다.

첫 번째 흐름이 영성계에서 많이 보인다고 하면 두 번째 흐름은 수행계에서 많이 보인다.

도 닦는 분들이 석가모니나 라즈니쉬나 마하리쉬 등을 존경하는 것은 충분히 이해하나, 너무 큰 담론에 함몰되어 깨달음, 사랑, 근원이라는 말에 자신을 바라보질 못한다.

영적인 세계는 콩 심은데 콩 난다는 법칙이 철저하게 적용된다. 그런데 깨달음 좋아하시는 분들은 콩을 심고 수박이 나길 바라는 마음으로 수행한다. 석가모니께서는 수많은 인간사 극점의 체험을 하고, 6년 고행을 하고, 위빠사나를 하여 깨달음을 얻으셨는데, 사람들은 깨달음을 보면서 위빠사나만 하고 있다. 석가모니의 전생 이야기를 보면 토끼, 공작, 상인 등의 이야기가 많이 있다. 물론 문학적 창작일 수 있으나 수많은 윤회 이후 연을 만나 씨앗이 발아한 것이지, 이미 수박의 씨앗이 익어 '물'만 만난 케이스를 두고, 사람들은 익지도 않은 씨앗에다 물만 들이 붓고 있다.

그러다 운 좋아서 의식의 일시적 각성에 도달한 사람을 선사라고 하나 그들의 각성이 과연 불지(佛智)일까?

대보살들의 지혜와 삼매력에 비견될 수 있을까?

두 번째 흐름에 있는 분들은 자신의 에너지체가 거지와도 같아 아무런 공덕과 방편이 없음에도 그 공덕과 방편이 없음에 기갈하여, 부상하는 오욕칠정에 대해 바라보고 또 바라보고 끝없이 바라본다. 일명 에고 바라보기이다.

그렇게 해서 마음이 평안해진다고 하면 끊었으나 다하지 않았기에 다시 윤회에 들어온다.

존재에게는 체험의 의미를 다해야 비로소 에너지체에 정보가 새겨진다.

그러나 체험을 끊어놓으려 할 때에 에너지체는 깡통이 되어 덜그럭 거리며 불안함, 초조함, 기갈이 물밀듯이 밀려온다.

그걸 또 바라보고 또 바라보고 또 바라본다.

수많은 성자들이 다시 윤회계로 돌아오는 것은 존재의 마침표를 끊지 못한 상태에서 비존재로 향하려고 했기 때문이다.

태풍의 눈이 아무것도 없어 보이는 것은 실은 주변의 흐름이 요동쳐 모이면서 태풍의 고요함이 형성되기에 비존재라는 것은 실은 존재의 극한과도 같은 것이다.

진공묘유(眞空妙有)라고 하여 공을 증득하려고 애를 쓰나 실은 묘유이기에 진공이다.

영성계의 일부 사람은 돈(방편)은 있으나 쓰질 못하는 수전노 재벌과도 같고, 수행계의 일부 사람은 돈 한 푼(방편과 공덕)도 없으면서 타인을 위하고 자신을 위한다는 거지와도 같다.

◇

◇

개별을 모르고서는 전체를 모릅니다

다람쥐나 목련이나 철쭉을 감상하지 않고서 그네들이 서식하는 숲 전체를 모른다. 그러한 것들을 모른 채 눈을 감고 저기 숲이 있으니 숲을 느껴보라고 하면 과연 알까?

철저함. 그것이 도의 근본이다.

우리나라 통 큰 스님네들은 그저 큰 깨달음만 찾으시지 단계적인 깨달음, 성숙되어가는 깨달음에 대해서는 무지하다.
일종의 영적 사기다.

콩 심은 데 콩 나는 게 우주의 법칙인데, 콩 심은데 수박 나길 바라는 것이 불교 수행하는 분들의 오류이다. 깨달음이라는 거창한 것에 매몰되었다. 아무것도 모르는데 수박을 아니까 나머지 참외, 딸기 전부를 안다는 것이다.

전체를 알면 개별에 통달한다. 하지만 개별에 무지한 채 전체를 보면 된다고 하면 실제로 개별을 알 수 있는 경지일까?

아니다.
개별을 모르니 전체를 안다고 자기 위안을 하는 것이다.

동양계 불교의 병폐,
증과 없는 수행은 방일함으로

　흔히 선종으로 일컬어지는 동양계 불교는 달마대사로부터 시작되었다고 한다. 동양계 불교에서 소위 정통이라 말하는 대세가 선종이 되었는데, 달마대사가 인도에서 가져온 경이 능가경이라 한다. 능가경 자체가 선 수행을 제시한 것은 아니지만 선불교의 철학적 기반이 되었다고 한다.

　인도의 고승들이 체계적으로 조직화한 유가행과 별개로 화두 잡고 하는 수행은 불교 흐름상 좀 이단적이다. 어느 경전에서의 언급도 없고 수행의 과위에 대해서 상세한 언급이 없고 앞서의 선배 선사들의 어록과 경험담이 있을 뿐이다.

밀교에서는 행자가 아사리의 인가를 받아 다음 단계로 나아가는 관정의식이 있고, 행자가 겪는 신비체험이 수행의 증과라고 인정되기도 한다. 소승권에서도 증과를 단계별로 나눈다. 금강경에서 보이는 수다원, 다함, 아나함, 아라한과 등이다.

그런데 한국 불교에 적용해 보면 피상적인 마음, 피상적인 깨달음, 피상적인 방법론으로 죽도 밥도 아닌 스님들이 너무 많아졌다.

작금의 한국 불교의 도박, 성 매수, 숨겨둔 처자식 등의 세태는 수행에 있어서 방일함과 연관이 있다. 수행의 목표를 제시하고 이 수행을 달성하면 정화가 된다, 의식이 색계삼매에 든다. 혹은 무색계 삼매에 든다는 증과, 극히 의식이 명료해지며 사물에 대해서 분별심이 청정해진다는 식의 제시 없이 그냥 깨달음을 언급한다.

혹은 몸 안의 영적 기생충이 소멸된다. 혹은 심장 차크라가 개화된다는 어떠한 단계적인 현상에 대한 제시 없이 그냥 깨달음이라고 한다.

자주 있는 현상은 아니지만 카르마의 띠를 본 적이 있다. 그리고 이전에는 번뇌의 두 가지 종류 중 하나인 소지장을 시각화해서 본 적이 있다. 몸 안의 영적 기생충을 명상 중에 손으로 주욱 잡아 당겨서 제거한 적도 있다. 이렇게 어떠한 증과가 있어야 하나 이런 증과 없이 나아가는 수행은 수행자를 방일하게 한다.

선불교 자체는 이러한 증과 자체를 모두 마구니의 장난 정도로 생각하는 경향이 있다. 모든 문제를 마음이나 본성으로 치환하는 형식은 일견 남성적이고 멋져 보이기도 한다.

그렇기에 진언(만트라), 인계(무드라), 관상법 등이 수행차제가 고도화된 밀교 수행을 조잡스러운 수행이라 말하는 것이며 참선과 염불, 간경만이 상근기들이 하는 수승한 방편이라고 하는 것이다.

다음은 어느 분에게 적은 글이다.

실질적인 마음을 다루어야 한다고 봅니다. 마음의 실질을 다루지 못했기에 위빠사나를 동남아 불교에서 수입하고, 스님들은 밀교를 배우러 티베트와 일본에 유학을 갑니다.

마음은 곧 에너지의 반영이고 마음이 정리되면 에너지가 순화됩니다. 마음이 에너지의 주체라고 생각하기 쉬우나 깊이 들어가면 에너지 자체가 마음의 원형입니다. 업장도 에너지이고 청정무구한 식장도 변성되어 탁한 에너지로 아뢰야식으로 전성됩니다.

한국의 선불교는 이 부분을 다루지 못하여 어정쩡한 상태로 맨날 무(無)를 외치거나 술을 곡차로 담배를 향 공양이라 말하면서 본인들의 수행 실패를 마치 파격인 마냥 자기 위안으로 삼고 있습니다. 마음의 실질을 다루면 편안해지면서 에너지도 정리되고 사념도 없어지고 차크라가 개화되고 살아가는 것에 의욕을 느끼게 됩니다. 이러한 실질을 외면한 채 거대한 담론인 깨달음만 바라보니 자기가 어디로 가고 있으며 자기가 무엇을 하고 있는지 모른 채 깨달음을 구하고 있습니다.

통달보리심, 증광보리심

마음은 곧 에너지의 반영이고 마음이 정리되면 에너지가 순화된다. 마음이 에너지의 주체라고 생각하기 쉬우나 깊이 들어가면 에너지 자체가 마음의 원형이다. 업장도 에너지이고 청정무구한 식장도 변성되어 탁한 에너지로 아뢰야식으로 전성된다.

마음에 통달했다고 하나 자신 뒤에 쭈욱 늘어진 카르마의 끈을 본다면 다시 돌아오는 것이 그동안 깨달았다던 성자님들이었다. 마음을 깨친다는 것을 어떤 의식의 확장으로 알았고 자유로운 한 경지로 알았기에 자신이 뭐가 묻었고 무엇을 닦아야 하는지 인간의 에너지체에 묻은 오물들, 정화해야 할 상념들, 깊숙한 무의식에 잠재된 카르마들을 몰랐던 것이다.

우리나라 통큰 스님네들은 그렇게 큰 깨달음만 찾으시지 뭐를 정화해야 할지 몰랐기에 수련 경지에 대해서 상세히 데이터가 누적되어온 남방불교와, 유식사상이 기반이 되어 요가행을 해온 티베트 밀교와 일본 밀교로 스님들이 유학하고 있는 실정이다.

마음은 통 크게 한방에 '공'을 견성오도할 수 있으나 마음의 수많은 층차와 마음의 수많은 조각들을 어찌할 줄 모른다. 수박을 알면 참외, 밤, 복숭아도 안다는 격인 셈이다.

허나 이미 화엄경에 이렇게 나와 있다.

참외, 복숭아, 밤, 수박까지 전부 알아야 불지를 성취할 수 있다고 되어 있다.

[난승지(難勝地)]

난승지는 진제와 속제를 조화하여 이기기 어려운 지위이니, 고집멸도 (苦集滅道) 사성제(四聖諦)와 선정바라밀을 주로 닦는다.

난승지에서는 또 보살이 중생을 이익 되게 하기 위하여 세간의 기예를 모두 익힌다. 중생을 이익 되게 하는 일이면 모두 열어 보여서 점점 위없는 불법에 머물게 한다. 중생을 이익 되게 하기 위하여 문자와 산수와 약방문과 글씨와 시와 노래와 춤과 풍악과 연예와 웃음거리와 재담 등을 다 잘하며, 나무와 꽃과 약초들을 계획하고 가꾸는 데 묘리가 있고, 금·은·마니·진주·유리·보배·옥·보석·산호 등의 있는 데를 다 알아 파내어 사람들에게 보이며, 산수가 좋고 나쁜 것을 잘 관찰하여 조금도 틀리지 아니한다.

보살도는 법신불의 무한히 나투어진 모습을 배우고 그 모습에 분별지혜를 얻고서, 분별지혜가 평등함을 얻고서 그 차별상에 흔들리지 않는 부동심을 얻는 과정이다.

중생제도의 사업을 성취하려면 보살의 지혜와 여래의 선정력과 명왕의 힘을 갖추어야 하는데, 위 난승지를 보면 세간지를 익히는 모습이 나와 있다.

즉 수행에서 얻어지는 출세간지는 기본이고 이 세상을 알아야 진정한 도인이라고 한 것이다.

그러하기에 성자라고 부르는 사람들은 이 세상에 무관심하지 않았던 것이다.

그렇게 보면 아인슈타인이나 몇몇 세속에서 유명한 분들은 세간지에 통달한 것이다.

세간지에 통달한 분들은 스님들도 많이 보이는데, 불교식 백과사전인 대지도론을 쓰고, 안과와 연금술에 능통한 인도의 용수보살이나, 사회사업을 행했고 서예, 우동을 만드는 방법, 당에서 유행하는 붓과 먹을 만드는 법을 가져온 일본의 구카이 스님과 같이 세속의 법과 출세간지를 아는 분들이 계시는 것이다.

호흡, 진언수행, 참선과 같은 분야를 수행이라고 말하면서 이를 통해 성불한다고 말하지만, 나는 그것은 '각성'을 이루는 방편이라 보지 의식의 확장은 아니라고 본다.

의식의 확장은 삶을 통해서 천천히 이루어나가는 것이며 이것이 정리되는 것을 깨달음이라 본다.

의식의 최대 경계치는 아뢰야식에 함장되어 있다. 아뢰야식은 이 사람의 경계치가 1000m인지 500m인지 깨달음의 수준을 봉인하고 그 사람이 더 나아가기 위해서 체험할 필요가 있을 경우 의식대를 낮춘다.

의식의 최대 영역치가 100m 나아간 사람일 경우 현생에서 의식이 열리는 체험을 하면 그게 깨달음인 것이다. 그래서 50m에서 다다랐다고 선언하는 선사들의 깨달음과 1000m에서 다다랐다고 선언하는 관세음보살이 여래가 될 때의 깨달음은 그 이루는 성취가 차이가 나는 것이다.

100m 나아가면 바다가 보이고 50m 나아가면 시장이 보이나 시장에서의 체험을 잘 하지 않고 앞으로만 나아가 100m의 바다를 본 사람은 시장을 보기 위해 50m로 낮아져서 중생의 의식으로 환생한다.

지구상에서 흔히 수행이라 불리는 행위들은 100m를 달리기 위해 시장을 건너뛰려고만 하는 모습이다.

시장에서의 체험은 반드시 필요하기에 보살 십지 중 5지에서 세간지의 통달을 말하는 것이고, 출세간지와 세간지를 동시에 이루는 것을 어렵다고 하기에 난승지라고 하는 것이다.

화엄경 10지 보살의 경지 중 다섯 번째 단계 난승지를 말해보았다. 난승지를 말한 이유는 통 크게 한방에 깨닫는 것이 과연 불지(佛智)인 가라는 것이다.

선사의 깨달음과 관세음보살이 여래가 되어 관자재왕여래가 되는 것이 과연 같으냐는 것이다. 마음으로 통 크게 한방에 깨달았다고 술을 곡차로, 여색을 탐함을 육보시로 담배를 향 공양으로 말하는 게 과연 깨달았느냐는 것이다.

수많은 마음을 마스터해야 보리심을 통달할 수 있으며(통달보리심)
수많은 마음을 통해 보리심을 넓힐 수 있다. (증광보리심)

윤회는 미혹된 자에게는 고통을 돌고 돌아 되갚는 수레바퀴이지만 보살에게는 법의 바퀴로서 중생의 끝없는 마음들의 조각을 마스터하는 법의 바퀴, 법륜으로 존재를 윤회한다.

그리고 그 의식을 정리하는 순간이 깨달음이고, 그 깨달음을 기반으로 다시 나아가 깨닫는다. 그리하여 관세음보살은 '천수천안관세음보살광대원만무애대비심다라니경'에서는 관세음보살은 과거에 이미 성불하여 정법명여래(正法明如來)가 되었다고 하며, '관세음보살수기경'에서는 미래에는 보광공덕산왕여래(普光功德山王如來)가 될 것이라 한다.

.5.

불교의 장

- 네오부디즘, 법등명 자등명

◇

◇

법, 본성, 여여함, 깨달음이라는 단어들을 통해 수행의 마음을 내어 수행계에 입문하게
된다. 그러나 여태껏 자신의 수행 기반이 되었던 것이 남들이 2천5백 년 동안 덧붙이고
덧붙인 관념의 집합체였다면 수행의 바른 성취는 기대하기 어렵다.
법등명 자등명으로 수행에 뜻을 둔 이들을 위해 법은 불교에만 있지 않으며, 자성은
'맑고 향기로운' '나'에 있지 않음을 말한다.
본 장을 통해 불교 혹은 깨달음, 수행과 영성으로 도배된 자신의 벽지를 떼어내고 여백
은 '흰색'이 아님을 깨달아 고층차 수행자로 거듭나기를 바라는 마음이다.

법의 바다를 불교로 담아내지 마십시오

하나를 알면 열을 안다는 말이 있습니다.

하나를 알면 하나를 알아야지, 나머지 아홉은 본인이 생각한 것을 덧붙인 것에 불과할 수 있음을 말씀드렸습니다. 자신이 갖고 있는 것을 토대로 상대방이 전하고자 하는 메시지를 이해하니, 전달하고자 하는 하나도 이해하지 못하고 아홉을 알았다고 착각합니다.

무동과 통화한 정말 예의 없었던 분(무동은 사무실만 차렸고, 더 높은 분은 따로 계시냐는 질문을 한 예의 없는 그분)이 질문을 하시기를 "그럼 좌공부는 불교로 봐야 합니까? 선도로 봐야 합니까?"라고 하셨습니다.

그래서 다음과 같이 말씀드렸습니다.

"불교나 선도로 갖다 붙여 이해하지 마시고, 제가 드리는 말씀 그대로만 이해하시면 됩니다."

불교로 기어코 이해해야 마음 편하게 '정법'이니까 이 수행을 해도 괜찮다고 해도 문제이고, 선도로 기어코 이해해야 내가 하던 수행과 충돌이 안 되니 '안심'하고 수행을 해도 괜찮다고 여기는 것도 문제입니다.

몸에 불교 벽지, 선사 벽지, 마하라지 벽지, 마하리쉬 벽지로 덕지덕지 붙여놓고, 보는 눈은 이러한 벽지들을 통해 '본성'을 본다, '자성'을 본다고 하니 새로운 것을 새롭게 받아들이지 못하고, 기존 것에 맞는지 안 맞는지 '감별'의 눈으로 봅니다.

공부라는 것이 어떤 사물과 정보가 비집고 들어오지 못하게 한다면 그 공부는 '채우는 공부'였던 것입니다.

나를 닦는다는 것이 공부의 본질이라면 '호승심'(누가 더 높냐 어느 게 더 정법이냐)으로 감별하는 것은 공부의 본질과는 거리가 멉니다.

수행을 꽤 오랫동안 하신 스님이 대행큰스님의 '한마음선원'을 다녀오고 몸의 동작이 기의 흐름을 타고 움직이는 것을 체험하고 "대행큰

스님은 사도이다!"라고 외쳤다고 합니다. 그 이야기를 듣고 한마디 했습니다.

분명 방문하던 목적이 정법이냐 아니냐, 과연 말로만 듣던 대행스님의 경지가 궁금하다는 식으로 '겨루는' 마음으로 갔을 것이고, 자기가 이해하지 못하는 체험을 하니 사도라고 외친 것이라고요.

무동은 타 공부 방식이나 타 공부방에 대해 비판하는 것을 좋아하지만, 그렇다고 해서 그분들이 가치 없는 일을 한다고 보지 않습니다. 잘못된 것은 소신 있게 말할 수 있어야 하지만, 그 모든 게 의미 있다는 것은 알아야 합니다.

불교는 깨달음의 종교입니다. 지금 시대의 불교는 '정법 감별사', '불교 브랜드 추종자', '불교 따라쟁이'들만 양산하는 실정입니다. 과연 깨달음을 추구하는 종교가 맞나 싶습니다.

좌회원의 전생을 추적했던 일이 떠오릅니다.

그분은 선무외삼장의 재가 신도이자 짐꾼으로서 선무외삼장과 실크로드의 작은 나라를 방문하였는데, 아리따운 처자를 만나 결혼했습니다. 짐꾼으로서의 사명을 포기했는데, 선무외삼장은 자신의 속가제자의 마음을 아시고 처자와 결혼하게 허락을 했습니다.

그 때 그분의 마음은 모든 것이 '다르마' 즉 법이라는 것을 아시는 듯한 느낌이었습니다.

선무외삼장께서는 전법 여행(법을 전하는 여행)을 목적으로 여러 나라를 다니셨지만, 그 중요한 임무 수행에서 이탈하려는 제자를 비난하지 않으셨습니다. 너그러우신 분 같다는 느낌을 받았습니다. 밀교 전파라는 임무도 중요하지만, 제자가 이탈하는 것도 또한 법 즉 다르마인 것을 아셨습니다.

불교라는 브랜드로 정법을 감별하거나, 밀교라는 카테고리로 사람의 마음을 재단하거나, 그리고 2천5백 년 전부터 아시아 대륙의 문화에서 점진적으로 형성된 거대한 불교라는 카테고리로 타 지역의 사람들(서양인)을 이해하는 것 모두 법의 바다를 불교로 담아내려는 것입니다.

2천5백 년 전 지금의 거지들보다도 행색이 안 좋고, 먹는 것도 엄청 부실했던 그 시절, 지금 사람들은 당시의 석가모니불을 뵈어도 부처님이라는 것을 모를 것입니다. 왜냐하면 그분은 이마에 점을 찍고 웃음을 머금으며 금색으로 빛나는 분은 아니기 때문입니다.

나의 본성은 그 무엇으로도 규정될 수 없습니다
- 여백은 흰색입니까?

카페의 옛날 글을 보니 이 카페가 독특하긴 합니다. 신성기하학, 우주전생리딩, 연구용 영기장, 성자 및 유명인 영기장, 무동금강 칼럼 등등, 이 카페에는 다양한 글들이 있습니다. 이 카페의 주요한 매력 포인트는 무동금강칼럼입니다. 회원님들 지도 방향이 녹아 있다고 봅니다. 금강연화원은 수행 카페입니다. 그러나 고리타분한 수행은 거부합니다.

수행 공부방으로서의 기본체계는 있습니다. 그러나 어떤 상을 잡고서 깨달음이라는 인류가 생각해놓은 상을 잡고서 수행하지는 않습니다. 공부방 회원님들께는 수행을 소중히 여기라고 늘 말씀드리지만 또 어느 분께는 수행이라는 상을 잡지 말라고 말씀드립니다.

어느 분의 회로가 금강저 형태가 워낙 자주 보여서 말씀드린 내용이
있습니다.

"나의 본성은 밀교로 규정될 수 없습니다."

어느 분께서는 바즈라의 파동을 금강저로 상징된다고 여겨서 그런지
금강저를 늘 가까이 하시고, 금강저에 자신의 기운이 들어갔다고 여기
셔서 말씀드린 내용이 있습니다.

"바즈라는 명철한 지혜이자 우암(愚暗 어리석은 어둠)을 깨는 지혜를
뜻하는 것이지, 금강저나 금강경 자체가 바즈라는 아닙니다."라고 말씀
드렸습니다.

수행은 소중한 것이고, 밀법의 법맥 역시 소중한 것이고, 수행체계
역시 소중합니다. 그러나 나의 본성은 '밝음', '지혜', '사랑', '자비로움',
'수행의 법맥', '스승님들의 가르침' 등등으로 규정될 수 없습니다. 하다
못해 '공'이라는 개념도 부적절합니다. 우주에서는 영성계가 없음을 말
했습니다. 더 깊은 차원에서 말씀드리자면 '수행계'도 없습니다.

부처님은 젖가슴을 드러내고 이마에 점을 찍고 2천 년 전 허름한 인
도풍 옷을 입고 계실까요?

제가 이러한 인식을 가졌다고 해서 절에 기운영이 필요 없다고는 생

각하지 않습니다. 저는 이러한 논리적 모순 속에 있지만 그것들이 병존해 있습니다. 수행계는 광활한 이 우주에서 따로 있다고 여기지 않지만 수행을 중요시여기고, 부처님이 꼭 이마에 점을 찍고 자비스럽게 미소를 짓는다고는 여기지 않지만, 부처님께 발원하기도 하고 기도하기도 합니다.

광대한 이 우주에서 존재는 존재로서 살기만 하여도 영적 성숙이 보장됩니다. 사실 존재 자체는 존재가 존재의 이유이지 깨달음을 얻기 위해서, 수행하기 위해서 존재하지는 않습니다.

광막함이라 하면 너무 정이 없어 보이니, 광대함이라고 합니다. 이 광대한 우주에서는 나무는 나무로서 잘 자라도 거기에 수많은 존재들이 의탁하듯, 예를 들어 나무가 잘 자라면 다람쥐나 애벌레가 살기도 하고 큰 나무 아래에서 작은 기생식물과 초목이 잘 자라듯, 고차원 존재는 그냥 있기만 하여도 자신의 역할을 합니다. 아무리 작은 식물이라도 작은 열매를 열어 다른 동물에게 일용할 양식을 주듯, 존재는 존재함으로서 진화를 이룹니다. 일반적인 진화라는 개념 그리고 영성인 특유의 '깨달음을 향해 달려가는' 영적 진화론과는 차이가 있습니다.

이 지구가 아닌 다른 차원, 다른 우주에서는 도달하기 위해 경주하는 '진화'가 있지 않습니다. 진화라는 것은 '더 못한 것'에서 '더 잘난 것'으로 됨이 아니라 완전함인데 더 완전함으로 간다는 의미로 바꾸어야 우주에서 말하는 '진화'와 그나마 개념이 비슷해집니다.

수행이라는 것은 지구에 부여된 특별한 체계로 인식합니다. 제대로 된 수행체계에서 수행을 하면 극상의 영적 성취를 이뤄낼 수 있다고 봅니다. 수행을 통해서 도달할 수 있는 그 경지는 '지구에서만' 성취할 수 있는 것입니다.

다른 차원, 다른 우주에서의 삶이 좋을 것이라고 말씀드린 회원님께 아래와 같이 말씀드렸습니다.

"방목장의 양이 평화롭게 풀 뜯습니다. 다른 우주에서는 그렇게 평화롭게 삽니다만, 지구에서 말하는 진화로 그들을 평한다면 그렇게 높게 되어 있지는 않습니다."

무동금강은 좌공부 수행자이자 밀법행자이자, 약간의 영능을 갖고 있는 사람입니다만, 나의 원래의 모습은 그 무엇으로도 규정될 수 없음을 잘 압니다. 밀교로도, 불교로도, 수행자로도 규정될 수 없습니다. 그러한 것들은 하나의 벽지일 뿐입니다. 나의 본성이 있다면 벽지를 붙일 수 있는 여백이 본성과도 같음을 압니다. 그러나 사람들은 그 여백조차도 다시 '흰색'이라고 규정짓습니다.

좋은 단어들인 '부처님', '밝음', '본성', '광명', '빛', '지혜'라는 것은 말할 필요도 없습니다. 석가모니 사후 2천5백 년이 지나면서 이미 수많은 사람들이 생각한 사념들이 단어들에 의식이 고착화되었습니다.

'법등명 자등명'이라 하여 법을 등불로 삼고, 자신을 등불로 삼으라는 석가모니 부처님의 유언이 있습니다. 법은 (인도 옷을 입은 자비스러운 얼굴의 금불상의) 부처님에게도 있지 않으며, (밝고 신령스럽고 지혜가 충만한) 본성에도 있지 않으며, 자등명의 자신은 평안한 나, 중심이 있는 나, 욕망이 쉰 평안한 나에만 있지 않습니다.

시대가 지남에 따라 석가모니께서 설한 '법등명 자등명'의 법문조차도 법은 종교인 '불교'인 것이며, 자신을 밝히는 것은 참선으로 한정된 것입니다.

여백은 흰색입니까?

여여하게, 그리고 내면의 본성에 따라?

만다라 색칠하기도 있더라고요. 만다라를 내면의 느낌, 떠오르는 대로 그리는 것인데, 선생님께서는 회로수행은 만다라의 몸을 성취한다고 하셨는데, 동일한 효과가 있나요?

내면의 느낌, 떠오르는 대로 한다고 함은 현재의식이라는 스크린에 무언가 상이 맺힌다는 것이다. 이미 스크린에 상이 맺히면 이미 절반은 정확하지 않은 것이다.

우리는 인지할 수 있는 것만 인지한다. 생각하고 있는 것만 생각할 수 있다.

현재의식이라는 스크린에 흠결이 있고, 스크래치가 있고, 구겨진 상태라면 반영이 어렵고, '내가 알았다, 내가 이 느낌으로 그린다'라고 할 때의 현재의식이라는 필터링으로서의 '나'는 나를 구성하기 전의 흐름을 이미 왜곡시킨다.

회로수행은 무언가를 보고, 그 대상을 따라 그려내는 게 아니고, 본연의 흐름에 의해 그리는 것이다.

회로를 하다보면 내 생각은 이렇게 나올 것이라고 짐작하는데, 하다보면 전혀 다른 모습의 회로가 나온다.

파도에 몸을 맡겨 서핑하는데, 파도의 흐름은 어떠하고 내 발목은 이렇게 꺾어야 하고, 내 무릎은 몇 도로 자세를 낮춰야 한다고 하면서 파도를 타지 않는다.

우리가 내면의 느낌, 여여한 그 느낌대로, 본성의 소리에 맞춰서 한다고 하면서 파도에 몸을 맡긴다고 하지만, 내 무릎은 몇 도로 낮춰야 하고 내 발목은 어떻게 해야 한다는 것과 같이 부자연스러운 현재의식의 투과물을 본성의 소리라고 여기는 것이다.

동작으로 회로를 그리는 것과, 어떤 느낌으로 그림 그리는 것은 이부분에서 차이가 난다.

이 공부는 (현재의식으로 필터링 된) 본성의 소리를 따라가는 공부가 아니다. 기운이 보인다고 하여 기운대로 동작하는 것이 아니다. 내면의 소리, 본연의 느낌, 영적인 흐름, 상위 자아의 인도, 본성 그대로 등등 으로 하는 수행이 아니다.

오로지 '행(行)'이 있을 뿐, 행의 이유에 본연의 흐름이라고 이름 붙이는 것이지, 기운을 따라가는 것이 아니다.

미묘한 차이다.

배는 나아가고 그 배가 나아갈 때 거품이 일어난다.
거품을 보고서 거품이 일어나니까 배는 나아간다고 여길지 모르겠으나 배는 거품과는 상관없이 나아간다.

폄하하는 듯이 보일지 모르지만, 냉정히 말하겠다.

거품을 열심히 일으킨다고 배가 나아가지는 않는다. 열심히 만다라 색칠한다고 아주 깊은 내면의 층차까지 제도되지는 않는다.

동작이 생각을 해서 나오는 게 아니듯, 동작을 느낌으로 잡고 나오는 게 아니듯, 회로도 느낌과 생각과 직관 이전의 것이 나오는 것이다.

◇

◇

관념과 설정으로부터의 자유

대체적인 수행법들이 설정을 하고 그 설정대로 따라하면 그 설정에 세팅된 대로 내가 변한다고 한다.

진언을 외우면 진언의 힘으로 진언을 따라서 내가 변화하고, 기운을 돌리면 인체 내의 맥이 열리고, 경락이 열리는 것을 따라서 내가 어떻게 변화하고, 차크라에 집중하면 차크라 활성화가 되어 차크라의 힘이 나온다고 한다.

순수하게 생각하자. 나는 내가 될 뿐, 수행체계가 제시한 내가 되지 않는다.

나는 진언 따라서, 차크라 따라서, 기운을 따라가는 존재가 아니다.

생각의 무게에 짓눌려 힘든 만큼 다른 생각의 무게를 실어 이것은 에고야, 이것은 관념이라고 자아비판을 하기도 하고, 다른 생각의 무게를 수행적 집중들, 예를 들어 차크라 집중, 진언 수행 집중, 기운행공 집중으로 생각의 무게를 실으려고 한다.

나는 내가 된다는 것 자명한 진리조차도 나는 내가 생각한 내가 된다는 것으로 이해하는 것이 중생이다.

'긍정적인 나', '밝은 나', '본성의 나', '본유의 나', '빛의 나', '5차원의 나' 등등.

단 한 번도 무중력을 몰라서이다.

무중력이라 함은 서로 무게의 평형점이라고만 이해할 뿐, 저울을 그냥 놔두지를 못한다.

나는 내가 될 때, 손으로 간신히 저울을 평형에 맞추다가 손을 뗄 때, 진짜 균형이 생겨난다.

동작이 발생함도 마찬가지다.

손으로 간신히 노력해서 맞춰놓은 균형에서 손을 뗄 때, 마음의 평화를 유지하려고 간신히 맞춰놓은, 의식의 긴장의 손을 뗄 때 동작이 생겨난다.

깨달음과 여여함에 대해

수행인이라면 깨달음과 여여함은 수행하는 동안 늘 추구했던 것이고, 경지에 도달하지 못함에 스스로 좌절했던 그 단어들이었던 것입니다.

금강연화원에서는 깨달음이나 여여함에 대해 그다지 언급하지 않는 편이고, 무동의 제 1저서 《무동 번뇌를 자르다》의 부제도 '깨달아도 여여하지 않습니다.'입니다. 그렇다고 해서 깨달음과 여여함을 추구하지 않는다고 하는 것은 비약입니다.

깨달음이라는 것을 '공적함'이나 '자유로움'이라고 규정하고 그것을 목적으로 내달리는 게 수행이 아니라고 하는 것입니다.

또한 여여함이라는 것을 '마음의 평안함'과 같은 일신의 평안함이라고 규정하고 그것을 목적으로 내달리는 게 수행이라는 게 아닌 것입니다.

흔들리지만 흔들어주는 것이었고, 마음이 아팠지만 통곡하지 않았으며, 분노하지만 다시 되돌아볼 수 있었습니다.

세간의 여여함이라는 것은 마음이 황량하여 황무지 같이 아무 생각이 없는 것이라 하면, 무동의 여여함은 꽃밭의 다양한 꽃들이 아기자기하게 가꿔진 그 상태를 마음의 여여함이라 합니다. 그래서 무동이 정의한 '여여함'은 세간의 풀 한포기 없고 재잘거리는 새도 없고 그저 아무 것도 없는 황량함의 여여함과는 차이가 있기에, 세간의 여여함의 기준에서는 무동은 전혀 여여하지 않은 게 됩니다.

그러나 백지에 무언가 그리면 그것을 오점이라고 여길 수도 있고, 예쁜 그림이 그려졌다고 여길 수도 있습니다. 인간은 자는 것조차, 숨 쉬는 것조차 심종자로 기록이 되는 존재이기에 아예 정보를 차단하고 살 수 없음입니다.

우주가 무거워지는 만큼 나도 무거워지고 있다고 하였습니다. 진정한 여여함은 부동자세, 굳어짐, 번뇌를 허용치 않음이 아니라 움직이나 움직여주는 것이며, 번민하나 번민할 뿐입니다.

그래서 무동의 제 1저서 《무동 번뇌를 자르다》의 부제가 '깨달아도 여여하지 않습니다.'입니다.

세간의 기준에서는 깨달으면 목석과 같이 아무런 감정이 없어 이를 여여함이라고 할지 모르지만, 실은 그러하지 않음을 말한 것입니다.

깨달음 그것은 은행에서 기다리게 하는 대기 순번표입니다. 깨달음 이라는 게 각고의 수행 끝에 도달하는 것이라 하지만, 실제로 깨달음 은 인과 연이 만나 맺어지는 자연스러운 과실이지, 성취하려고 덤빈다 고 얻어지는 게 아닙니다.

자신의 복덕자량이 부족할 때, 큰 거 한방을 터뜨리고 싶은 마음이 깨달음에 대한 갈망인 것이지, 존재는 존재함으로 있지 깨달음을 위해 서 있지는 않습니다.

과거 제 선생님이 제게 깨달은 흔적이 있다고 하셨습니다. 또 어떤 분은 제게 여러 차례 깨달았던 흔적이 있다고 하셨습니다. 그래서 그런 지 깨달음이라는 큰 목적을 향해 달리지 않았던 것입니다.

너무나도 큰 댐에 물이 없을 때 가뭄이 극심하다고 여기듯, 내 마음 저 밑의 무의식의 영역이 너무나 커서 현재의식이 힘들었던 순간들이 있었고, 수행을 만나 큰 댐의 물이 급속도로 차면서 마음이 빈 깡통처 럼 덜컹거리지 않게 되었습니다.

내 존재가 온전해지도록,

내 존재가 모두의 것으로 사용되어지는 때,

내 존재가 다르마의 바퀴가 될 때,

제가 밟아온 과정을 말해보았습니다.

저는 좌회원들이 존재함으로서 존재하며,

주부로서 직장인으로서의 삶을 잘 꾸려갔으면 합니다.

인간이 인간 이상을 말할 때 그것은 사도라고 말하고 있습니다.

욕망하지 않음의 욕망

질문 1. 연기법과 공의 관계

용수보살의 중론에서 공사상을 정립하였으며 이것이 대승불교의 핵심이 되었다고 알고 있습니다.

그런데 원시불교에서 석가께서 설한 연기법에 따르면, 만물이 연기에 따라 서로 의지하여 일어나므로 그 자체로 독립된 실체가 없으며, 독립된 실체가 있다고 믿어 집착하는 것이 고(苦)의 원인임을 알려주는 것이라 이해하였습니다.

제가 공사상에 대해 찾아보니 일체가 자성이 없음을 말하는 것이라 하는데, 제게는 연기법과 공사상이 같은 말을 다른 방법으로 표현하는 것으로 보입니다.

원시불교의 연기법과 대승불교의 공사상이 서로 대치되는 개념이 아닐 것인데 원시불교와 대승불교가 확연하게 다른 것처럼 취급되고 있습니다. 원시불교의 연기법과 대승불교의 공사상의 관계성에 대해 의문이 들었습니다.

그러면 공사상이 연기법에 있던 문제점을 보완해서 발전시킨 사상인지 아니면 연기법을 잘못 이해한 폐단을 바로잡기 위해 공사상을 통해 재정립한 것인지 궁금합니다.

질문 2. 대승불교와 금강승불교의 관계

우리나라에서 불교의 주류는 조계종이며 종파는 선불교입니다. 선불교 또한 대승불교의 종파로서 그 사상의 근본에는 공사상이 자리 잡고 있습니다. 그런데 저와 같이 불교에 대한 이해가 얕은 사람에게 금강승불교는 대승불교가 있고 나서 그 이후에야 나타난 후기의 불교와 같은 느낌이 들었습니다.

그런데 밀교 명상의 법을 읽으면서 금강승불교와 대승불교 모두 공사상을 기반으로 한다는 점과, 용수보살이 공사상의 시작에 해당한다는 점을 고려하면 오히려 금강승불교가 대승불교에 우선하거나 그 시작점이 같아야 한다는 결론에 이릅니다. 그리하여 금강승불교와 대승불교의 선후관계 또는 관계성에 대한 의문이 들어 질문 드립니다.

연기법에서 공성을 도출할 수 있는 것이었습니다. 석가모니 입멸 이후 석가모니의 교설을 좀 더 세분화하고 정교하게 다듬게 되었는데, 석가모니 당시에 석가모니께서 직접 언급하신 '오온설(인연법에 의해 누적된 에너지의 무더기(오온))', '육근설(안이비설신의의 감각기관을 육근이라 함)',

'12연기법' 등등의 교설을 가지고 학문적인 불교, 엘리트 불교가 출현하였습니다.

이 형태의 불교를 원시불교 혹은 부파불교라고 합니다. 부파불교에서 '연기법'은 무지에서 시작하여 고통으로 끝나는 마음의 고를 밝혀내는 12단계의 프로세스였습니다.

이런 주장 하에서는 불교는 출가승 위주의 엘리트 불교였고, 재가신도들은 출가자에게 공양을 올리는 것으로 만족해야 했으며 수행의 범주 밖에 있었던 것이었습니다. (물론 연기법 자체는 만물이 서로 연관이 있다는 것을 뜻하지만, 고통이 왜 발생하느냐에 대한 초점으로 되어 있어 다분히 염세적이었습니다.)

석가모니 입멸 후 500년 뒤 용수보살은 '연기법'으로 만물이 서로 인연으로 연관되어져 있어 서로 고정된 자성(自性)을 갖고서 이합집산을 하는 게 아님을 통찰하여, 연기법에서 공성을 도출하였습니다.

그러나 용수보살은 만물이 서로 엮여 있고, 어느 하나에 집착하는 것은 곧 석가모니의 교설 '연기법'에 어긋난다고 하여 집착하지 않음 그것만을 이야기했습니다. 더 나아감은 또 다른 집착이라는 것이었습니다.

즉 연기법에서 만물에 대해(자성이 없으니) 집착하지 않음, 그 뿐이었어야 하는데, 하열한 근기를 가진 중생들은 연기법을 세분화하고, 오온설을 더욱 나누고, 시간과 오온과 공간과 의식을 섬세히 규정하고 나누는 것 등의 이러한 작업들이 연기법의 근본 취지에 어긋난다고 하였습니다.

즉 파사현정, 삿된 것을 깨면 바른 것이 드러난다는 입장에서 바른 것을 적극적으로 주장하지 않고, 집착하지 않음만 말한 것입니다.

집착하니 고통이고 고통이 있으니 고통을 만들 필요도 없고 고통을 떠나야 한다.

– 엘리트불교 출가승 위주의 불교

집착하니 고통이니 집착함만 떠나면 그것으로 진리는 드러난다.

– 중관학파

연기법을 심화시켜 공성에 대한 이해가 도출되었습니다. 만물이 서로 의지해 있으니 독자성이 없고 따라서 집착할 바가 없다는 것에서 오히려 만물이 집착함만 없으면 진리 그 자체라는 결론이 나와 대승불교가 싹이 텄습니다.

역사상의 석가모니 이외에도 형태(부처님의 상호), 소리(진언), 문자(종자) 모두가 연기법의 심화된 이해, 공성에 기반하여 출현하였고, 대승불교가 시작된 것입니다. 관세음보살과 아미타불과 부동명왕께서 출현할 수 있게 된 것입니다.

중관학파에서 공을 설하고(금강경의 약이색견아 이음성구아 시인행사도, 색깔과 형상으로 부처를 구함은 곧 삿되다.) 집착을 떠난 그 공성의 자리에서는 만물이 곧 여래이고 법이라는 것을 유식학파는 인지하여 다양한 수행법(인계, 소리, 모양을 이용한 수행)을 도출한 것입니다. (금강경의 개시 불법, 일체법이 불법이다.)

대승불교에서 불보살들이 출현하였는데, 이 때의 불교는 믿기만 하면 불보살이 구제해줄 것이라는 믿음에 가까운 불교였는데, 유식학파가 대승불교를 좀 더 정교하게 진화시켜, 수행을 위한 방편을 고도화시킨 것이 금강승 불교입니다.

현재 밀교를 말하는 분들은 공성에 대한 심도 있는 이해가 없는 상태에서 밀교를 주술 불교를 격하시키거나, 마음만 이야기하는 선불교를 우선시하는 경향이 있지만, 실은 마음의 본체가 공성임을 깨달은 인도의 고승들은 마음에서 현현한 그 모든 불보살은 공성을 띄는 진리 그 자체인 공성의 부처라는 것을 깨달아 법문으로 남긴 것이 탄트라, 즉 밀교의 수행법입니다.

'집착하지 않음'에서 시작하여 '집착하지 않는 집착'으로 귀결되었습니다.

'욕망을 떠났음'에서 시작하여 '욕망하지 않음의 욕망'으로 귀결되었습니다.

이 묘리를 득하지 않는다면 밀교의 법술은 법이 아닌 주술일 것입니다.

밀법의 장

- 네오부디즘, 다시 밝혀지는 불교의 수행법

◇
◇

복덕의 장에서 인간 완성의 길은 카르마를 통해서 가능하다고 했다.
그 구체적인 이야기가 심종자와 에고의 역할 그리고 심왕의 여섯 개의 팔 등으로 전개
되었다. 본장에서는 복덕자량을 구축하는 방편으로서 밀교 수행 몇 가지를 공개한다. 밀
법 수행의 기반 내용과 구체적인 실수법 등은 전작 '밀교 명상의 법'에 공개되었으니
참고해도 된다.

전작 《무동 번뇌를 자르다》와
《밀교 명상의 법》의 출간 의의

본서 《만다라 현현의 법》은 수행자들이 고층차 수행으로의 길을 가기 위해 반드시 깨야 하는 관념들을 위주로 적게 되었다. 수행자를 위한 수행서로서의 느낌이 더욱 강해졌다. 본서가 이전 전작들에 비하면 더욱 마니악하게 된 점은 부인할 수 없게 되었다. 그러나 석가모니 이후 2천5백 년이 지나고, 용수보살 사후 2천 년이 지난 이 시점에서 수많은 수행자들이 거듭거듭 환생하여 다시 수행하였고, 일반 대중들의 의식들도 과거 윤리조차 제대로 정립되지 못한 야만의 시대보다 훨씬 진보되었기에 더욱 고층차의 심법을 전개해도 되었다는 판단이 들었다.

전작 《무동 번뇌를 자르다》는 수행자의 마인드에 대해서 적었고, 이후 출간된《밀교 명상의 법》은 수행자의 구체적인 수행법인 밀법 탄트라에 대해 적었다. 세 번째 책인《만다라 현현의 법》은 너무도 거대한 불교라는 산에 질식되어 그만그만한 수행을 하고 있는 수행자들을 위해 적었다.

그리고 후반부에 고도의 밀교 탄트라를 수록하여 2권《밀교 명상의 법》에서 아쉬웠던 분들을 위한 내용을 적었다. 밀교 수행에 대한 인계와 진언과 종자의 모양까지 섬세하게 터치하였다.

그러나 본서가 고층차 수행자를 위한 고도의 심법에 집중한 만큼 밀교의 제반적인 내용과 반드시 숙지해야 할 내용까지 모두 다 담아내기 부족했다. 흥미가 있는 분들은 전작을 통해서 갈증을 달랠 수 있을 것이며, 추후 나올 책에서도 밀교 행법을 볼 수 있을 것이다.

밀교 기초인계

밀교 탄트라를 하기 위한 기초적인 인계를 공개한다. 상세한 각 존격에 대한 인계는 후술하는 개별 탄트라에서 확인할 수 있을 것이다.

◆ 지권인: 금강계 대일여래의 인계이다. 수행으로 할 때는 금태양부 대일여래의 인계로 인식하고 수행한다. 왼손의 검지를 세우고 오른손에 끼워 오른손은 금강권[8]의 형태로 한다.

---

8) 금강권 : 엄지를 안으로 넣어 주먹 쥔 형태

〈지권인〉

〈지권인 하는 방법〉

◆ 내박인: 안으로 깍지를 낀 모양이다.

〈내박인〉

◆ 외박인: 바깥으로 깍지를 낀 모양이다.

〈외박인〉

◆ 팔엽연화인: 양손의 엄지와 새끼손가락이 닿게 하여 연꽃 모양으로 만든 수인이다.

〈팔엽연화인〉

금태양부 대일여래 수행

대일여래의 존격에 대한 이해

밀교에 관심이 있는 분들은 금강계 만다라와 태장계 만다라에 대해서 자주 들어보았을 것이다. 태장계(胎藏界)는 어머니가 태아를 품듯이 온 우주는 대일여래의 태내에 있듯 보호되고 양육되고 있음을 뜻한다. 우주의 현상적인 면을 414존의 태장계 만다라의 부처님, 보살, 명왕, 천신으로 상징화한 만다라이다. 태장계 대일여래는 이법신(理法身)이라 하여 우주의 이치적인 면을 부처님으로 형상화한 분이다.

금강계(金剛界) 만다라는 중앙의 월륜에 대일여래가 있고, 동서남북으로 아촉여래, 보생여래, 아미타여래, 불공성취여래의 부처 네 분이 계시고 다시 각각의 부처들에게 그 권능과 지혜의 분화형태인 열여섯 분의 보살들이 권속으로 있다. 금강계 만다라는 분화와 통합이 얼기설기 엮여 있는 동적인 요소가 강하다. 금강계 만다라가 지혜의 작용이 두드러지기에 금강계 만다라의 중앙에 앉아 계신 부처님을 지법신(智法身) 대일여래라고 한다.

태장계 밀법은 인도의 북서 혹은 동인도에서 발원했다고 보이고, 금강계 만다라는 인도 남부에서 발원했다고 보여 원래 각각의 밀법은 역사적으로 따로 발전해 왔으나, 중국 당나라에서 이 두 개의 밀법 흐름을 하나로 이해하게 된다. 남녀, 음과 양, 본체와 작용 이렇게 대칭으로 이해하게 되어 두 개의 밀법 흐름을 하나로 통합하게 된다. 이때 금강계 대일여래와 태장계 대일여래를 하나로 보지만 드러남은 다른 모습으로 이해하여 금태양부(金胎兩部)[9]의 불이(不二, 둘이 아님)의 사상이 완성된다.

대일여래는 태장계와 금강계 각각의 모습에 따라 진언과 인계와 종자형이 다르다.

금태양부대일여래 수행은 단독으로 수행하기보다는 여러 형태의 탄트라 의궤를 하기 위해서 전반부에 시작하는 수행으로서의 의미가 더 크다.

---

9) 금태양부: 금강계와 태장계의 양부의 밀법을 뜻함.

태장계 대일여래

◆ 종자:

(아, A)

종자 '아'에 대한 이야기

종자 '아'는 산스크리트 음운에서 가장 먼저 나오는 글자이다. 알파벳 A처럼 말이다. 아는 모든 모음의 기본이고, 어린이가 가장 빨리 말할 수 있는 발음이 '아' 발음이기에 고대 인도 불교도들은 '아' 자라는 글자에 불성이라는 의미를 부여했다. '아' 자에서 '다' 자까지의 42개의 글자에 대승불교는 불보살의 덕이 있다고 생각하였다. 화엄경에서는 이 42개의 글자에 의미를 두어 화엄경 입법계품에서 중예동자가 선재동자에게 '아' 자를 비롯한 42개 글자의 뜻을 관하게 하면서 반야바라밀문에 들어가는 법문을 가르친다. 42개 글자의 근본을 '아' 자에 두고 있다.

또한, 범자에서는 A를 접두사로 쓸 때는 부정을 뜻하는 의미로 쓴다. 이 의미에서 아자본불생이라는 의미가 더해지게 된다. 원래부터 창조된 것도 아니고, 또한 멸하는 것도 아니며, 항상 있는 것도 아니고 항상 멸하는 것도 아닌 제법의 실상을 드러낸 글자라고 한다.

따라서 대일여래의 종자가 '아' 자이며, 뒤에 후술할 모든 성취의궤의
기본이 되는 수행이 이 금태양부대일여래의 수행이 되는 것이다.

◆ 인계: 선정인

◆ 진언: 옴 아비라 훔 캄 스바하

금강계 대일여래
◆ 종자: 바(VA)

◆ 인계: 지권인

◆ 진언: 옴 바즈라 다투 밤

금태양부대일여래 수행의 실제
금태양부대일여래의 진언: 옴 아비라 훔 캄 바즈라 다투 밤
금태양부대일여래 인계: 지권인

1. 좌정한 다음, 금태양부 대일여래 진언을 외우면서 지권인을 맺
는다.
2. 진언을 외우면서 나는 하얀색 월륜 안에 있다.

3. 이 월륜 안에 종자 '아'가 금색으로 떠오르면서 완연히 빛나고 있음을 안다.

종자 '아'가 연화대 위의 월륜 안에 있는 사진, '아자 본존도'라고도 한다.

4. 내 마음의 본성은 '아'의 글자와도 같아 내 마음의 덕은 월륜과 같이 원만하며, 내 마음의 본성은 월륜과 같이 시원한 빛임을 관한다.

5. 금색 '아' 자가 백색 월륜 안에 서서히 녹아 들어가고, 수행이 끝날 시점에는 백색 월륜이 서서히 옅어지며 인계를 풀면서 마친다.

◇

◇

무량수여래근본다라니탄트라

나모 라트나 트라야야 나마 아리야 미타바야 타타가타야 아르하테사 막 삼붇다야 타댜타 옴 아므르테 아므르토 드바베 아므르타 삼바베 아므르타 가르베 아므르타싣데 아므르타테제 아므르타비흐림태 아므르타비흐림타가미네 아므르타가가나키티카례 아므르타둠누비스바례 사르바르 타사다네 사르바 카르마크례 삭사얌카례 스바하

'무량수여래근본다라니'라는 다라니이다. 감로를 산스크리트어로 '아 므르타'라고 하는데, 이 다라니에서는 아므르타라는 단어가 10번이 나 오기 때문에 십감로주(十甘露呪)라고 한다.

아미타불의 어원은 '아므르타'에서 시작한다. 아미타불은 산스크리트 어로 무량광불(無量光佛)인 아미타브하와 무량수불(無量壽佛)인 아미타

유스라고 부른다. 아미타불은 무한한 빛의 부처님과 무한한 생명의 부처님이라는 뜻이고, 무량수불의 무한한 '생명'은 감로의 의미 불로불사의 이슬과 이미지와 일맥상통한다. 힌두교의 신들이 마시는 음료인 '소마'나 그리스 신화에서 신들이 마시는 음료 '넥타르'와 감로 아므르타는 닮아있다.

이 다라니는 아미타불의 본체를 의미할 정도로 아주 중요한 다라니이고, 불보살님들을 시현시킬 때 중요한 감로바다를 만드는데 기본이된다. 이 다라니의 해석을 보면 이 다라니의 중요성을 알 수 있다.

[귀명합니다. 삼보에게. 귀명합니다. 성무량광여래응공정각존님에게.(여래의 다른 이름으로 응공, 정각이 있음)
옴. 감로존이여, 감로에서 태어난 존이여, 감로에서 능히 탄생하신 존이여!
감로태장의 존이여! 감로성취존이여! 감로위광존이여! 감로유희존이여! 감로유행존이여! 감로응설존이여! (감로의 설법존이시여!) 감로고음존이여!(감로의 북소리님이여!) 일체의 성취존이시여! 일체 악업인과를 제거하고 멸하는 존이여! 성취됩니다.(스바하)]

이 다라니를 기본으로 하고 무량수여래근본다라니탄트라를 진행하고, 이 다라니의 짧은 버전인 진언도 있다.

무량수여래심진언이며, 무동금강은 감로광진언(甘露光眞言)이라고 부르는 진언이다.

[옴 아므르타 테제하라 훔]

[옴, 감로여! 빛으로 운영하소서. 훔]

이 다라니 수행을 하기 위한 인계와 종자와 삼매야형을 말해본다.

◆ 아미타불종자:

(흐릭, Hrih)

◆ 아미타불근본인: 내박인을 취한 후 중지를 세워 연꽃의 술처럼 모은다.

〈아미타불 근본인 앞면〉

〈아미타불 근본인 뒷면〉

◆ 아미타불삼매야형: 연화

탄트라발굴의 계기

무량수여래근본다라니를 외우면서 강원도 건봉사와 해남 미황사에서 아미타불 근본인을 맺고 잠시 수행을 한 적이 있었다. 아미타불근본인에서 '흐릭' 자가 맺힘을 수행하면서 알게 되었고, 이 글자 흐릭에서 광명이 뻗침을 알게 되었다. 그리고 아미타불 근본인을 맺은 손은 연꽃, 중지는 꽃술이라는 인식에 도달하였고, 이후 아래 밀교 경전에서 이 수행의 핵심을 알게 되었다. 밀교경전을 인용해본다.

금강정경관자재왕여래수행법(金剛頂經觀自在王如來修行法)

다시 얼굴 앞에 안락(安樂)세계를 관하라. 땅은 유리(琉璃)로 되어 있고 바다는 공덕의 젖[乳]으로 되었으며, 그 바다 가운데에 힐리자[頡哩二合字]가 있는데 미묘한 활짝 핀 연꽃[開敷蓮華]이 되었다가 그 꽃이 변화하여 관자재왕여래로 되며, 색상이 장엄하기가 앞에서 몸에 관한 것과 같다.

금강정유가약출염송경

또한 허공에서 밤자(鑁字)는 비로자나불로 된다고 관상해야 한다. 자비를 갖춤에 말미암아 젖비를 뿌려서 위륜산에 두루하다. 문득 감로의 큰 바다를 이룬다. 그 바다 가운데에서 다시 반라자(般喇字)는 거북이 모양을 이루고 그 거북이는 마치 금색과 같고, 몸의 광대함은 무량한 유순(由旬)이라고 관상해야 한다. 다시 거북이의 등 위에 해리자(奚哩字)를 관상하라. 그 글자가 변하여 적색으로 되고, 적색 빛의 연화는 열의(悅意)이며 아주 뛰어나다. 그 꽃은 3층으로서 층마다 8엽의 대(臺)

에 꽃술이 구족하여 있다.

위 두 가지 경전에서 '힐리자'나 '해리자'라고 나오는 것은 산스크리트 '흐릭' 자에 해당된다. 위 경전에서는 관하라고 명시되어 있으나, 실은 행자가 수행을 할 때 변화하는 자신의 몸이 감로의 바다이며, 수인을 맺은 양손은 연꽃이며, 손가락에 맺힌 연꽃은 꽃술임을 알아챈다. 열심히 상상하기보단 자연스럽게 연상을 해야 한다.

경전에서 이렇게 하라고 나와 있는 것은 사실은 깨달은 각자(覺者)가 자신의 경지를 문자화시킨 것이다. 그래서 그 경지에 도달하지 않은 이가 하면 그것은 '따라 하기'에 가까운 것이다.

무량수여래근본탄트라 수행은 아래와 같다.

1. 아미타불근본인을 맺으며 무량수여래근본다라니를 왼다.
2. 다라니를 외며 나의 손을 본다. 양손의 중지가 모인 지점에서 흐릭이라는 빨간색 글자가 뜨고, 나의 손은 연꽃이로다.
3. 다라니를 더욱 외면서 삼매에 젖어든다.
4. 흐릭이라는 글자 주변에 '옴 아므르타테제하라 훔'이라는 글자가 회전한다.
5. 흐릭자에서 빛이 나오면서 나의 심장에 흘러들어와 내 몸이 감로의 바다가 된다.
6. 내 몸이 감로의 바다가 되면서 부정한 것들이 온몸의 구멍을 통

해서 전부 빠져나오게 된다.

끝으로 이 수행이 중요한 것은 이 무량수여래근본다라니(무동금강은 이 탄트라를 '감로탄트라'라고도 부른다.)의 수행은 감로의 바다를 만들고, 감로의 바다에 떠 있는 모든 불보살들이 태어나는 연꽃을 만들기 때문이다.

여의륜관음유가 탄트라

여의륜관음 존격의 의미

산스크리트로는 '친타 마니 차크라(Cinta mani cakra)'이다. 친타는 사유·소원, 마니는 진귀한 구슬, 차크라는 바퀴·영역을 뜻하는 말이다. 친타와 마니가 합하여 여의보주가 되고, 차크라는 법륜(法輪)을 뜻하므로 여의륜관음은 여의보주와 법륜을 지니고 자비와 지혜를 베푸는 보살을 이르는 말이다. 여의보주는 본래 사가라 용왕의 궁전에 있던 것으로 용왕의 뇌에서 나온 것이라고 한다.

이 보주를 간직하면 독약을 먹어도 살 수 있고 활활 타오르는 불속에 들어가도 살 수 있다고 한다. 일설에는 부처의 사리가 변한 것이라고도 한다. 한편 차크라는 본래 바퀴를 뜻하는 말인데, 앞에 법을 뜻하는 다르마(dharma)가 붙으면 법륜이 된다. 그러나 이 경우처럼 차크라만으로 법륜을 뜻하기도 한다. 세상의 돌아가는 이치, 진리가 순환하는 모습, 불법이 펼쳐지는 모습을 상징적으로 나타내는 말이다.

실차난타가 한역한 《여의륜다라니신주경(如意輪多羅尼神呪經)》에 따르면 이 보살은 세간의 재물과 출세간의 재물 두 가지를 모두 만족시켜 준다고 한다. 세간의 재물은 금·은 등의 보석을 말하고, 출세간의 재물은 복덕과 지혜를 말한다. 몸은 황금색이며 손은 6개이다. 오른쪽 맨 위의 손은 중생을 구제하기 위하여 사유하는 모양이며, 중간 손은 여의보주를 들고 있고, 맨 아래 손은 염주를 들고 있다. 왼쪽 맨 위의 손으로는 광명산을 누르고 있으며, 중간 손은 연꽃을 들고 있고, 맨 아래 손으로는 금륜(金輪)을 들고 있다.

이 6개의 손은 지옥·아귀·축생·아수라·인간·천(天)을 헤매는 육도(六道)의 중생을 상징한다. 또한 보살의 수행법인 육바라밀을 나타내는 것이라고도 한다. 이밖에 팔이 둘·넷·여덟·열·열둘인 여의륜관음도 있다고 한다.

—여의륜관음 (如意輪觀音) (두산백과)—

〈파주 봉덕사 여의륜관음상〉

여의륜관음은 관세음보살의 수많은 변화 관음 중 한분이다. 6개의
손에 6개의 지물이 있어 6개의 지물마다 육도계의 중생들을 구제하고
자 하는 관세음보살의 서원이 응집되어 있는 분이다. 여의보주로서 중
생의 뜻에 응하며 법륜을 들고 있는 손으로 중생들이 부처의 길로 갈
수 있도록 구제하는 분이다.

존격에 대한 상세한 이해는 이 분이 갖고 있는 지물들을 통해 알 수 있다. 다음은 금강지 삼장이 한역한 '관자재여의륜보살유가법요'의 일부이다.

첫째, 손[第一手]은 사유(思惟:思惟手)를 지으니 유정(有情)들을 가엾게 여기시는 까닭이요,

둘째, 팔은 여의보주를 들고 계시니 모든 소원을 원만하게 성취시켜 주시기 위한 까닭이요,

셋째, 팔은 염주(念珠)를 들고 계시니 방생(傍生:畜生)의 괴로움에서 건져주시기 위한 까닭이니라.

왼쪽 첫째 팔은 광명산(光明山)을 누르시니 휩쓸려 움직임이 없음을 성취시키기 위한 까닭이요,

둘째 팔은 연꽃을 들고 계시니 모든 법답지 않은 것을 청정하게 하시기 위한 까닭이요,

셋째 팔은 법륜을 들고 계시니 위없는 법[無上法]을 굴리시기 위한 까닭이니라.

여의륜관음유가법은 재물과 행복과 건강과 같은 세간의 이익을 성취하는 것에 도움이 되며, 법륜이 내포하는 상징적 의미와도 같이 출세간적 이익(수행성취)을 성취할 수 있게 한다.

여의륜관음유가 탄트라를 하기 위한 인계와 만트라와 종자

◆ 여의륜관음 도상

〈일본 園城寺觀音堂의 여의륜관음〉

보살의 모습이고, 신체색은 흰색 혹은 금색(관할 때마다 다를 수 있음)
이다. 손이 여섯 개인 바, 왼손 첫째 손은 턱을 살짝 괸 사유의 모습,
왼쪽 두 번째 손은 여의보주를 들고 있으되 가슴 부근에 위치해 있고,

왼쪽 세 번째 손은 염주를 들고 있다. 오른쪽 첫 번째 손은 광명산을 누르고 있고 오른쪽 두 번째 손은 연꽃을 들고 있고, 세 번째 손은 법륜을 들고 있다.

◆ 여의륜관음 종자

(흐릭, Hrih)

◆ 여의륜관음근본인 : 외박인을 하고 엄지를 세운 상태에서 양손의 검지를 구부리듯 모으고, 양손의 중지 역시 구부리듯 모은다.

〈여의륜관음 근본인 앞면〉

〈여의륜관음 근본인 뒷면〉

◆ 여의륜관음 삼매야형
여의보주

◆ 여의륜관음 진언
여의륜관음 근본다라니

namo ratna-trayāya nama āryāvalokiteśvarāya bodhi-
sattvāya mahā-sattvāya mahā-kāruṇikāya Tadyathā oṃ
cakra-varti cintāmaṇi mahā-padme, ru ru tiṣṭhat jvala,
ākarṣāya hūṃ phaṭ svāhā

나모 라트나 트라야야 나모 아리야-아바로키테스바라야 보디 사트바

야 마하사트바야 마하가루니카야 타디야타 옴 차크라바티 친타마니 마

하 파드메, 루루 티스타트 즈바라, 아카르사야 훔 파트 스바하

귀명합니다. 삼보주여, 귀명합니다. 성관자재보살님이시여, 큰 중생이

시여, 대비를 가지신 자여,

옴 전륜성왕이시여, 여의보주존이시여, 대연화존이시여, 루루, 머무

르소서, 광명으로 인도하소서, 훔 파트 스바하

大心陀羅尼 (心秘密真言) 대심다라니, 심비밀진언

oṃ padme cintāmani jvala hūm

옴 파드메 친다마니 즈바라 훔 (옴 연화존이시여, 여의보주존이시여, 광

휘의 존이시여, 훔)

小心陀羅尼 (心中心真言) 소심다라니, 심중심진언

oṃ varada-padme hūm

옴 바라다 파드메 훔 (옴 베풀어주시는 연화존이시여, 훔)

여의륜관음유가탄트라

여의륜관음유가탄트라는 두 종류가 있다.

여의륜관음유가 보옥탄트라(친다마니차크라 아바로키데스바라 트리라트

나 탄트라)와 여의륜관음유가 법륜탄트라(친다마니차크라 아바로키데스바

라 다르마차크라 탄트라)의 두 가지 법이다. 여의륜관음유가 보옥탄트라

는 세간의 이익을 성취하는 법으로, 여의륜유가 법륜탄트라는 출세간의 이익(수행성취)을 성취하는 법이다.

여의륜관음 보옥탄트라

1. 십감로주(무량수여래근본다라니)를 외우면서 감로의 바다가 채워진다. 감로의 바다가 무량해짐을 관하고 나서 홍련화가 떠오르고, 홍련화의 꽃술이 내 손의 중지 2개가 모인 것과 같음을 안다.

2. 꽃술에 흐릭자가 맺히고 흐릭자에서 광명이 발산된다. 흐릭자의 광명이 육도의 세계에 두루 비추고 그 광명이 육도 중생들의 번뇌를 쉬고 안락하게 하고 불도에 드는 것을 관한다.

3. 인계를 여의륜관음근본인으로 바꾸고 여의륜근본다라니를 외운다. 흐릭자가 보옥으로 바뀌고 보옥을 쥔 여의륜관음보살이 현신한다.

4. 손의 지물들을 천천히 현미경 보듯 클로즈업하여 관하고 거대한 여의륜관음의 색신을 두루 클로즈업하여 보게 된다.

5. 여의륜관음보살의 보옥이 세 가지 구슬이 모여진 구슬임을 안다.

세간의 이익 (중생의 이익) - 재물, 건강, 행복

출세간의 이익 (보살의 이익) - 법신자량, 법신현신, 법신자재

불과의 이익 (부처의 이익) - 공성자량, 공성현신, 공성자재

이 세 가지 구슬이 모여 하나의 구슬임을 알았을 때, 보옥이 여의륜관음의 심장 위치에서 빛나고 있다. 보옥에서 광휘가 뻗치고 세간과 출세간의 이익이 성취됨을 관한다.

여의륜관음유가 법륜탄트라

(친다마니차크라 아바로키데스바라 다르마차크라 탄트라)

여의륜관음유가 보옥탄트라의 4번째 단계까지 동일하다. 4번째 단계
이후 다음 5번째 단계를 행한다.

1. 십감로주(무량수여래근본다라니)를 외우면서 감로의 바다가 채워진
다. 감로의 바다가 무량해짐을 관하고 나서 홍련화가 떠오르고, 홍련화
의 꽃술이 내 손의 중지 2개가 모인 것과 같음을 안다.

2. 꽃술에 흐릭자가 맺히고 흐릭자에서 광명이 발산된다. 흐릭자의
광명이 육도의 세계에 두루 비추고 그 광명이 육도 중생들의 번뇌를 쉬
고 안락하게 하고 불도에 드는 것을 관한다.

3. 인계를 여의륜관음근본인으로 바꾸고 여의륜근본다라니를 외운
다. 흐릭자가 보옥으로 바뀌고 보옥을 쥔 여의륜관음보살이 현신한다.

4. 손의 지물들을 천천히 현미경 보듯 클로즈업하여 관하고 거대한
여의륜관음의 색신을 두루 클로즈업하여 보게 된다.

5. 여의륜관음보살의 다르마차크라가 여의륜관음의 6개의 지물의
공덕과 지혜의 합임을 안다.

― 육도윤회계는 부처의 여섯 가지 공덕(중생제도에 대한 사유, 보옥, 염
주, 광명산을 누름, 연꽃, 법륜)의 나툼임을 알고 여의륜관음의 여섯 손의
지물에서 육도계 각각을 제도할 수 있는 공덕광이 비추어짐을 안다.

― 육도로 뻗치는 여의륜관음의 공덕광이 서려 있는 손길이 모두 다
르마차크라에 모이고 다르마차크라는 법의 순환으로서 이 순환에 의해

수행을 이루게 됨을 알게 된다.

 - 수행에 장애가 없음은 법륜이 장애물을 밟아버려 없애면서 나아가는 금강륜이기 때문이며, 수행을 가속화할 수 있는 것은 법륜이 빠르게 구르는 성취륜이기 때문이며, 수행이 불과를 이루게 하는 것은 법륜이 불과라는 지향점을 향해 구르는 불신원만의 바퀴이기 때문이다.

 - 다르마 차크라에서 광휘가 나와 가피를 받는 이들이 수행의 과를 이루게 됨을 안다.

대성지장보살천도 비밀작법

지장보살 존격에 대한 이해

사찰에 가면 지장전이라 하여 머리를 삭발한 스님의 형태로 앉아 계신 보살상이 있고, 망자의 위패가 모셔져 있는 것을 확인할 수 있다. 지장보살은 중국에서 변용된 모습으로 계시나, 인도에서의 원래 형태의 지장보살은 관세음보살과 유사하게 보살의 모습으로 계신다.

지장보살은 일반적으로 비구(남자 스님)의 모습으로 가사를 입는 형태이다. 장신구는 없고 영락(목걸이) 정도로 간소화되어 있다. 왼손에 여의주, 오른손에 석장을 가진 형태 또는 왼손에 여의주를 들고 오른손은 여원인(손바닥을 이쪽을 향해서 아래로 늘어뜨리다)의 인상을 취하는 상이 많다.

그러나 밀교에서는 태장계 만다라 지장원의 주존으로 갖은 장신구를 걸친 통상의 보살형으로 나타내며, 오른손은 가슴 앞에서 일륜을 갖고 왼손은 깃발과 연꽃이 같이 합쳐진 형태의 지물을 갖고 있다.

지장보살은 산스크리트어로 '끄시띠라자'라고 하는데, 끄시띠는 땅이고 라자는 곧 왕임을 뜻한다. 직역하면 지장왕보살이라고도 한다.

지장보살에 대한 고도의 이해

지장보살은 범어 끄시띠가르바의 한역이다. 끄시띠는 땅이며 가르바는 '함장되어 있다' 혹은 '창고'로도 해석된다. 지장보살의 다른 이름은 끄시띠라자로 지왕(地王)으로도 번역된다.

석가모니께서 깨닫고 처음 맺은 수인은 항마촉지인이다. 땅에 오른손을 내려뜨린 인계이다. 깨달음이 대지와 같이 견고하고 영원하다는 것을 의미하는 동시에, 지신(地神)을 증인으로 내세워 깨달음을 증거하는 것이다.

여기서 지신은 이 지구를 의미한다.

동양권 불교에서는 지장보살은 죽은 자의 세계(명부)를 소관하는 것처럼 보이는데, 실은 이 지구의 윤회가 벌어지는 육도의 주관은 지장보살의 주관인 것이다. 미륵불이 향후 오기 전까지 석가모니께서 중생들의 교화를 지장보살에게 맡긴 것은 지장보살이 육도계 자체를 뜻하기 때문이다.

지장보살은 불교 이론에 맞지 않는 분이다. 정업은 피할 수 없다는 것이 불교의 인과응보설인데, 이 지장보살은 정해진 업도 멸할 수 있는 권능을 갖고 있다. 마치 기독교의 '죄사함'과 유사하게 죄업을 탕감에서 끝나는 게 아닌 죄업을 아예 없애주는 분이기 때문이다.

그러나 생각을 해보면 지장보살은 끄시띠라자로서 이 지구의 왕, 지왕이기에 지구에서 벌어지는 일체의 업력은 지장보살의 심종자로 있는 것이다. 그렇기에 땅에서 벌어진 일은 땅의 소관이고 땅의 주인인 지장보살만이 죄업을 없애준다는 것이다.

범자 '하'는 지장보살의 범자 종자인데, 이 범자 종자가 세 번 들어간 것이 지장보살 심주이다. 이 심주에서 끄시띠라자라는 단어가 들어가는 소위 '법왕자 진언'을 외우면 지장보살이 법체로서 화현한다. 다시 이 지장보살이 한국 불교계에서 널리 알려진 '옴 바라마니다니 스바하(원래 범어 진언과는 발음이 차이가 있음)'인 멸정업진언으로 응축되어 광휘가 발하게 된다. 이 광휘는 태양과 달의 힘이 응축되었다. (비밀작법에 해당함)

지장보살은 천도에 있어서 육도의 업력을 끊어내는 역할을 한다. 아미타불께서는 천도과정에서 업력이 끊어진 중생을 극락세계로 끌어올리는 역할을 하신다.

스님들이 하는 천도 작법에 대해서는 잘 모르지만, 무동의 연구에서는 지장보살은 업력을 해탈시키고, 아미타불은 극락왕생으로 끌어올려 주시게 된다.

부처님 여기 음식들 많이 차려놓았습니다.
스님들이 다수 모여서 열심히 염불합니다.
그리고 후손들이 정성을 들여 돈 삼백만 원 혹은 천만 원을 갖다 놓았습니다.
부디 천도해주세요.

이것이 세간의 천도라면 밀교의 천도 작법에서는 밀법행자가 법체가 되어 직접 죄장을 멸하고 극락의 문을 열게 된다. 아래는 일본 진언밀교의 태장계 지장보살이고, 그 아래는 티베트의 지장보살이다. 동양권의 스님 형태의 지장보살과는 모습이 다르다.

〈진언밀교의 지장보살도상〉

〈티베트밀교의 지장보살도상〉

지장보살 탄트라를 하기 위한 인계와 만트라와 종자

◆ 지장보살 도상

모습은 보살의 형태로 있다. 오른손에는 일륜이 있으며 가슴 부근에 일륜이 위치하고 있다. 왼손은 연꽃을 쥐고 있으며 연꽃에서 깃발이 솟아 나와 있다. 태장계 만다라에서는 지장원의 주존이시며, 금강계 만다라에서는 남방 보생여래의 4근친 보살로서 금강당보살로서 계신다. 금강당보살은 당번(깃발)을 들고 있는 보살인데, 깃발을 들어 올려 중생에게 진리를 설파하는 모습을 띤다.

지장보살은 중생구제를 위해 육도에 대응하여 활동하시는 바, 이를 육지장이라고도 한다. 지옥계, 아귀계, 축생계, 수라도, 인간계, 천상계의 순으로 일본에서는 다음과 같이 칭한다. 금강원지장(金剛願地藏), 금강보지장(金剛寶地藏), 금강비지장(金剛悲地藏), 금강당지장(金剛幢地藏), 방광왕지장(放光王地藏), 예천하지장(預天賀地藏)으로 불리는데, 이는 경전에 나왔다기보다는 각각의 세계마다의 지장보살의 원력이 투사된 것을 상징적으로 부르는 것으로 이해하면 된다. 육지장일 때의 지물은 다음과 같다. 연화, 석장, 향로, 번, 염주, 보옥이다.

◆ 지장보살 종자

(하 Ha)

◆ 지장근본인 : 내박인을 하고 중지를 세운다.

〈지장근본인 앞면〉

〈지장근본인 뒷면〉

◆ 지장보살 삼매야형

보옥, 당번(깃발)

◆ 지장보살 진언

지장보살 심주

ॐ ह ह ह विस्मये स्वाहा

om ha-ha-ha vismaye svaha

옴 하하하 비스마예 스바하

지장보살 법왕자 진언

om ksiti-raja sarva siddhi hum

옴 끄시띠라자 사르바 싯디 훔

지장보살 보옥체 진언

om pra-mardani svaha

옴 프라마다니 스바하

지장보살천도 작법

지장보살 천도는 법력(法力)이 있는 자가 해야 한다. 다음에 적을 내용은 금강연화원에서 행한 천도작법의 일부이다. 법력이 있는 자가 해야 한다는 단서를 건 것은 지장보살 천도 작법을 행하면 천도를 원하는 주변 떠도는 영혼들이 와서 천도를 행하는 이에게 빙의되기 때문이다. 그러면 천도도 제대로 되지 않고, 법술을 행하는 자도 망자들의 카르마와 인연 맺기 때문에 지장보살 관련된 수행은 주의해야 한다.

천도 작법 역시 제대로 되어야 하며, 그렇지 않으면 천도 작법 하다가 천도가 안 된 영혼들이 행자 주변에 떠돌기 때문에, 이 부분 역시 주의해야 한다.

다음 천도작법은 사회자가 있고, 공양하는 자가 있다. 천도작법을 행하는 행자는 끄시띠가르바가 되어 천도를 집전하게 된다.

사회자: 끄시띠가르바님의 대비원력은 법계의 모든 곳에 나투어져 있으니 육도의 중생들은 그 원력에 힘입어 상승하고 있음입니다. 각 회원님들은 망자의 위패를 제출해주십시오.

밀법행자: 끄시띠가르바 탄트라 진행

(끄시띠가르바의 심주, 끄시띠가르바의 법체, 끄시띠가르바의 보옥체 진언을 외운다. 심주에서 지장보살의 근본 에너지를 운영하며, 법체 진언에서 지장보살이 시현하게 되며, 보옥체 진언에서 지장보살 존재 자체가 지장보살이 쥐고 있는 보옥으로 응집된다.)

사회자: 끄시띠가르바의 대비원력은 육도계에 편만히 나투어져 있는 바, 각 선생님들은 공양을 올려주세요. (6인의 공양을 받으면서 여섯 분의 지장보살들이 힘을 얻어 각각의 육도계에서 활동하고 있음을 관한다.)

지옥계 대원력 지장님 연화를 받으소서.
아귀계 대원만 지장님 감로를 받으소서.
축생계 대지성취 지장님 금강검을 받으소서.
수라계 대무구광 지장님 보옥을 받으소서.
인간계 발보리심 지장님 금강저를 받으소서.
천상계 대미묘락 지장님 회로를 받으소서.

지장보살 심주 탄트라, 심법체 탄트라, 심보옥 탄트라 진행
(사회자는 눈빛을 받고 다음 진행)

육도 지장님들이 법을 갖추고 각 육도에 내원합니다.

○○ 선생님 석장을 공양하십시오.

지장보살 탄트라 계속 진행하면서 석장을 받음.
(눈빛을 받고 사회자는 말한다.)

사회자: 육지장님은 방편을 갖추고 육도를 방문하는 바, 육도의 중생들은 다음과 같은 공덕을 성취합니다.

○○ 선생님 지옥계 중생들의 안락화를 공양하십시오.
○○ 선생님 아귀계 중생들의 감로수와 오색감로미를 공양하십시오.
○○ 선생님 축생계 중생들의 금강지혜(삼고금강저)를 공양하십시오.
○○ 선생님 수라계 중생들의 금강화락(화만[10])을 공양하십시오.
○○ 선생님 인간계 중생들의 금강원만성취(수정염주)를 공양하십시오.
○○ 선생님 천상계 중생들의 미묘광(32면체 원석)을 공양하십시오.

---

[10] 화만: 꽃을 모아놓은 것, 꽃다발, 꽃목걸이를 뜻한다. 본 탄트라에서는 접시에 꽃을 모은 것으로 했다.

끄시띠가르바 보옥체 진언을 외우며 멸정업진언으로 들어간다.

멸정업삼매(지장보살이 쥐고 있는 보옥에서 광명이 나와 영혼들의 부정한 것들이 사라짐을 관한다.)

(가행 진행 후 눈빛을 받고 사회자가 언급)

육도의 중생들이 안락함을 얻었습니다. 중생들은 이제 해탈심을 얻었고, 일체의 어둠을 여의고 감로광의 인도를 받아 극락 문으로 들어가게 됩니다.

허공장보살복덕탄트라

〈도쿄 국립박물관, 헤이안 시대 후기, 허공장보살〉

허공장보살 존격의 의미

허공처럼 무한한 자비를 상징하는 보살이다. 자비와 지혜가 허공과 같이 광대무변하다고 하여 허공장보살이라 한다. 범어로 아카샤가르바라고 한다. 오컬트에서 말하는 모든 일들이 기록된다는 '아카식 레코드'의 아카식이 허공을 뜻하는 아카샤에서 유래한 말이다. 번역하여 허공장(虛空藏), 허공잉(虛空孕)이라고 한다.

'허공장보살경'에는 허공장보살이 사바세계(지구)가 아닌 다른 계에서 온 불보살로 묘사되어 있다. 서방 80억 항하사(恒河沙)를 지난 곳에 일체향집이란 불국토가 있다고 한다. 그곳의 승화부장불(勝華敷藏佛)을 모시고 있는 보살이 허공장보살이다.

「허공장이 승화부장여래의 처소에 가서 여쭈니 여래께서 말씀하시기를, "여기서 동쪽으로 80항하의 모래 수효만큼이나 많은 나라들을 지나가서 사바(娑婆)라는 세계가 있다. 이 사바세계는 오탁(五濁)으로 더럽혀진 나쁜 국토로, 이 나라와 별로 다를 것이 없다. 너도 지금부터 그 나라에 가서 석가모니불을 예배 공양하고 바른 법을 받아 가져서 그 나라의 모든 악한 중생을 위해 파악업장다라니경(破惡業障陀羅尼經)을 설하여라." 하고 말씀하시며, 허공장을 사바세계로 갈 것을 권하셨다.」

승화부장불의 권고를 받은 허공장보살은 사바세계에서 대광명을 뿌리며 강림하여 사바세계를 정토로 바꾸게 된다. 사바세계를 직접 제도하는 불보살로는 지장보살이 한국 불교 내에서 유명하지만 허공장보살

역시 사바세계의 중생을 제도하는 불보살이다. 지장보살과 유사한 역할을 한다.

지장보살이 '땅'과 유관하다면 허공장보살은 '하늘'과 연관이 있다. 지장보살과 허공장보살은 금강계 만다라의 남쪽 방향에 거하는 '보생여래'의 권속이다. 두 분의 불보살이 중생 제도라는 공통의 목표를 향해 음으로 양으로 힘쓰고 있다는 것을 알게 된다. 지장보살은 금강계 만다라에서 금강당 보살로, 허공장보살은 금강보 보살로 계신다.

허공장보살은 허공이 끝이 없듯, 무한한 복덕과 지혜를 갖추신 분이기 때문에 관세음보살과도 닮아 있다. 지혜의 문과 복덕의 문 두 가지를 겸비한 분이기 때문에 관세음보살과도 닮아 있다. 허공장보살의 지혜로서의 성취자로서의 존격은 허공장구문지법이라 하여 총명함을 올리는 수행법으로도 유명하다. 본서에서는 허공장보살의 무한의 복덕의 측면에서 탄트라를 적어보도록 한다.

보생여래-허공장보살-길상천과의 관계성

길상천은 복을 구족하게 해준다는 여신이다. 힌두의 '라크슈미'가 불교적으로 받아들여진 천부의 신이다. 작법을 하기 앞서서 보생여래와 허공장보살과 길상천에 대한 관계 이해가 필요하다고 느꼈다. 보생여래는 재보에서 태어났다는 여래이시고, 또는 재보를 산출해내는 여래라고도 일컬어진다.

복덕을 구비하기 위해서는 '복'이라는 것이 무엇인가에 대한 고찰이 필요했고, 불교적 인과설에 복덕자량은 어떠한 의미일까라는 고찰을 하였다. '심종자의 구조에 대해-업장소멸은 없습니다.'라는 글에서 심종자가 불보살의 복덕자량으로 변화하는 것에 대해 적었고, 업장소멸이 벌을 받는다는 것이 아닌 복덕자량을 구비해나가는 것임을 적었다.

복권에 당첨이 되었다는 분들이 가정이 파탄되고, 돈을 흥청망청 써서 오히려 복권에 당첨되기 전보다 더 비참하게 되었다는 뉴스를 보기도 한다. 그리고 재벌가의 후손들이 단명하거나 마이클잭슨이나 휘트니휴스턴 같은 해외 유명인사들이 말년이 좋지 않음을 보게 된다.

복을 누릴 수 있는 그릇이 있고, 복을 누리지 못하는 그릇에 복이 들어오면 재앙으로 변하는 것이다.

불교 내에 이런 말이 있다. 착한 일을 해도 아직 힘들다면 선의 열매가 아직 익지 않았음이고, 나쁜 짓을 많이 하는 악인이 잘살고 있음은 나쁜 일의 과실이 아직 익지 않았음이라는 말이 있다.
복이 온다는 것은 '운이 오는 시기'와도 연관이 있어, 운이 오게 되면 복이 실현되나, 그것을 누릴 수 없으면 흘러가는 복이 된다.

보생여래가 복덕을 뜻하는 분이라면, 허공장보살은 복덕자량과 연관되어 있는 분, 그리고 길상천은 복덕자량이 들어오는 운때와도 관계가 있다. 물이 들어와도 저수지가 미비하면 물이 흘러내리듯, 복덕자량이 있어야 그 복을 유지할 수 있다.

세간의 복을 부른다는 주술들이 인간의 근본적 변화 즉 심종자를 성숙시키는 것에는 관심이 없고 오로지 복을 구하는 것이라면 밀법의 법술은 인간 존재의 변화를 꾀한다.

길상천은 '천부'이다. 육도 윤회계의 한 담당이기에 질서계 상위의 신이다. 천부는 인간에게 영향을 줄 수 있지만, 인간 존재를 바꿀 수 없다.

인간 존재를 바꿀 수 있는 것은 심종자를 터치할 수 있는 불보살들이다. 허공장보살은 아카샤가르바 즉 아카샤(허공)와 같이 무한한 지혜와 복덕을 구비한 불보살이다. '아카샤가르바'라는 말 자체가 심종자가 광대한 이 우주와 같이 많다는 유식학의 결론과 일치한다.

허공장보살 관련 작법이 심종자를 바꾸어준다면 길상천 작법은 저수지가 만들어지고 물을 대어주면 물이 차는 것과 같이 복이 현현하게 나오는 것을 도와준다.

저수지가 없으면 물이 있어도 그냥 흘러가듯이 저수지를 만드는 것도 중요하고 물이 흐르게 운때를 당겨주는 것도 중요하다.

질서계의 상위신인 길상천은 운명의 기록부에서 복이 오는 시점을 당겨올 수 있는 권한을 지닌 것으로 보인다. 아니면 운명의 흐름에서 복의 물꼬를 터주는 역할을 하는 것으로 보인다.

세간의 주술이 그저 좋은 일만 생기기를 바라는 것이기에 여기에는 인간 존재를 변화시킨다는 개념이 누락되어 있다. 나는 그대로인데, 좋은 일만 더 생기기를 바라는 것은 원인 없이 결과를 바라는 것이고 설령 소원하는 일이 성취된다고 하면 그것은 미래의 원인과 결과를 현재로 당겨서 구현시키는 것이기에 스스로에게 빚을 지는 것과 같다.

세간의 주법과 밀교의 법술은 하늘과 땅 차이만큼 그 간격이 크다.

아쉽게도 자비의 방편인 밀교의 법술을 세속의 주술처럼 더러운 욕망의 구현 수단으로 접근하는 사람이 많다.

구족하면 열망하지 않을 것이나, 구족하지 않기에 갈망으로 접근한다.

허공장보살복덕탄트라를 하기 위한 인계와 만트라와 종자
◆ 허공장보살 도상

보살의 모습이고, 신체색은 흰색이다. 오른손에는 보검을 왼손에는 여의보주를 쥔 형태이고, 간혹 오른 손바닥을 바깥으로 보이면서 늘어뜨리는 여원인을 취하고 왼손에는 여의보주를 쥔 형태를 취하기도 한다.

◆ 허공장보살 종자

(트라흐 Trah)

◆ 허공장보살보주인 : 외박인의 형태로 손을 모으고 중지를 세워 모은다. 검지를 엄지와 맞닿은 형태로 둥글게 만다.

〈공장보살 보주인 앞면〉

〈허공장보살 보주인 뒷면〉

◆ 허공장보살 삼매야형

보검과 여의주

◆ 허공장보살 진언

허공장보살 근본진언: oṃ vajra ratna hūṃ

옴 바즈라 라트나 훔: 옴 금강보여, 훔

허공장보살 지혜성취 진언

namo ākāśa-garbhāya oṃ alika māli muli svāhā

나모 아카샤 가르바 옴 알리카 말리 물리 스바하

허공장보살 현현진언

namaḥ samanta-buddhānāṃ ākāśasamanta-nugata vicitrāmbara dhara svāhā

나마 삼만타붓다남 아카샤사만타-누가타 비치트람바라다라 스바하

귀명합니다. 일체의 부처님들께. 허공과 동등하신 분이여!

허공장보살복덕탄트라

허공장보살이 금강계 만다라에서는 금강보 보살이기 때문에 보부의 주(主)인 보생여래로부터 금강보 보살이 출현한다. 본서에서는 금태양부 대일여래 수행으로부터 허공장보살이 출현하는 법으로 적는다.

1. 금태양부 대일여래 탄트라를 진행하면서 아자가 월륜 안에 녹는다. 월륜 안에 허공장보살의 종자 '트라흐'가 서서히 뜬다. 백색 혹은 금색으로 관해진다.

2. 인계를 허공장보살 보주인으로 바꾸면서 허공장보살 근본진언 '옴 바즈라 라트나 훔'를 외운다. 이 때 트라흐는 백색의 빛을 내뿜는 보옥으로 바뀌는데, 보옥에서 내뿜는 빛은 무지갯빛이 살짝 서린 백색광이다.

3. 보옥에 집중하면서 허공장보살 지혜성취 진언 '나모 아카샤 가르바 옴 알리카 말리 물리 스바하'를 외운다. 끝이 없는 허공과 같은 복덕과 지혜를 구족한 분이 허공장보살임을 안다.

3. 가슴 부근에 보옥을 왼손에 쥔 허공장보살이 드러난다. 허공장보살은 백색의 몸을 지닌 분이다. 화려한 장신구를 걸치고 있다. 오른손에는 보검을 들고 있다. 허공장보살 현현진언을 외우면서 금강보옥삼매에 젖는다.

4. 허공장보살이 쥔 보옥에서 광명이 나와 자신을 비추거나 타인을 비추는 관상을 한다.

마무리하며

힘든 일이 있다면 쉬고 나서 힘든 일 이전의 나로 돌아가고자 함이 힐링의 목적이라면, 수행은 힘든 일을 느끼는 나를 변화시켜 힘든 일로서 느끼지 않게 함이 목적이다.

단순히 스트레스로 표현되는 단어가 수행체계가 내려오는 동양권에서는 번뇌라고 표현되는 것을 보면, 불교적 감성 및 문화가 수행에 지대한 영향을 주었다는 것을 알 것이다.

불교적 감성 및 문화 속에서 스스로를 변화시키기 위해 불교가 제시하는 다양한 수행론을 통해 수행에 입문하게 되지만, 석가모니 입멸 이후 2천5백 년이 지나오면서 수많은 관념들이 덧붙여지면서 바른 견해를 정립하여 수행을 하기 어려워졌다. 불교적 감성 및 문화 체계에서 수행을 시작하게 되었지만, 불교적 관념들이 바른 인식 하에서만 성취할 수 있는 고층차 수행에 방해가 된 것이다.

본서는 개인의 철학을 서술한 것이 아니며, 불교의 유식학과 화엄, 중관의 기본 개념이 녹아들어간 책이다. 부처님과 깨달음과 공성이라는 단어가 많이 들어간 불교색이 충만한 불교 도서는 아니지만, 불교에 아주 깊이 들어간 사람들은 이 책을 불교 도서로 여길 것이다.

본서는 고층차 심법으로 윤회설과 인과설 그리고 수행의 기준점 등을 명징하게 서술하고, 후반부에 실질적 수행법을 적어놓아 심법과 공력을 겸비한 책으로 평가한다.

이 책이 고층차 수행으로 들어가는 마지막 장애 요소를 깨는 책이 되길 바란다.